A. FERRET 1978

MÉMOIRE A CONSULTER

SUR

LES PROCÈS

INTENTÉS PAR LES

CONSEILS DE FABRIQUE

POUR LA CONSERVATION

DES BIENS DES ÉGLISES PAROISSIALES

ET AUTRES ÉDIFICES CONSACRÉS AU CULTE DIVIN,

PAR V. RIGO

Vicaire général honoraire d'Ajaccio.

BASTIA,

DE L'IMPRIMERIE FABIANI.

—

1859

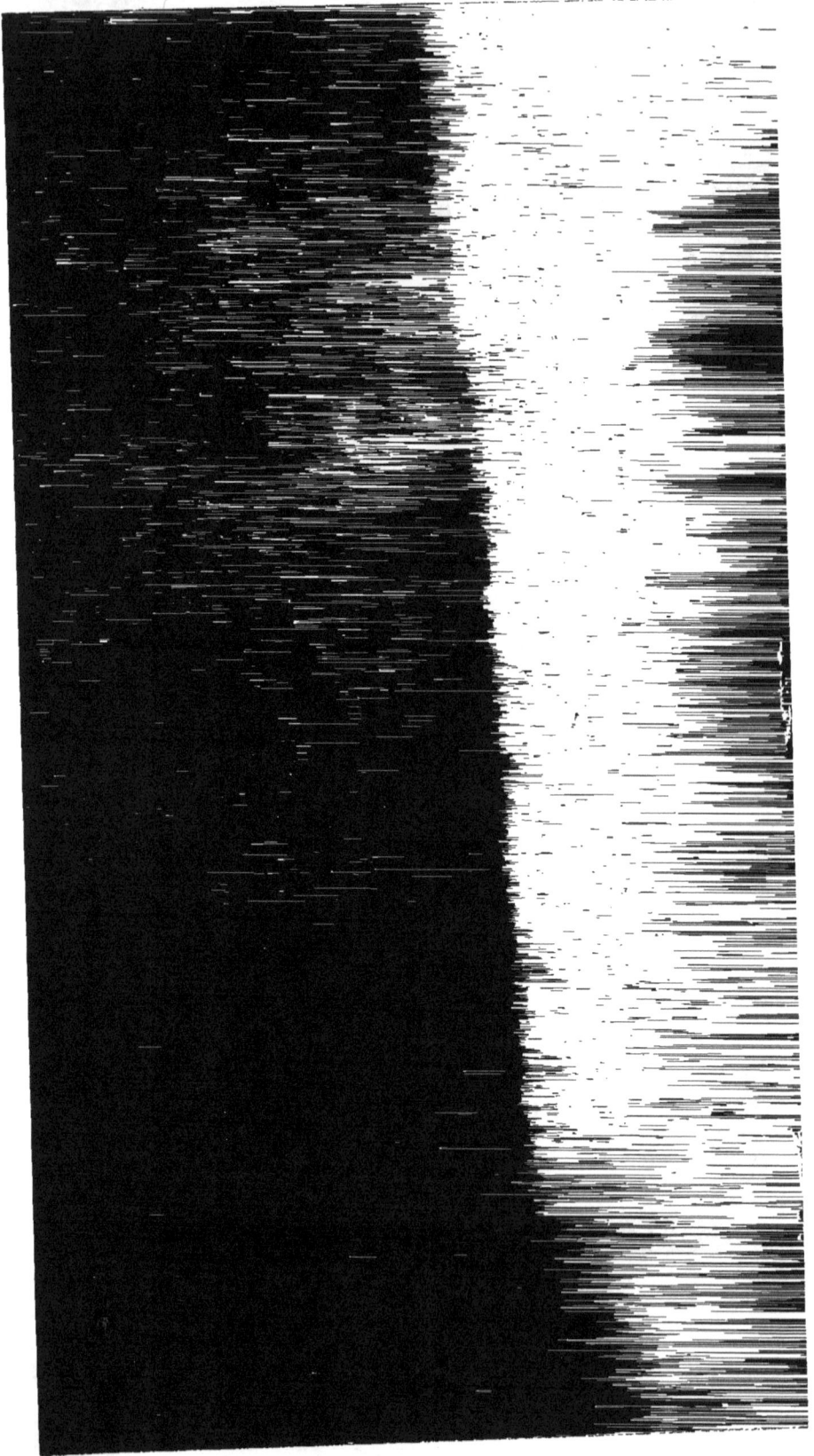

MÉMOIRE A CONSULTER

SUR

LES PROCÈS

INTENTÉS PAR LES

CONSEILS DE FABRIQUE

POUR LA CONSERVATION

DES BIENS DES ÉGLISES PAROISSIALES

ET AUTRES ÉDIFICES CONSACRÉS AU CULTE DIVIN,

PAR V. RIGO

Vicaire général honoraire d'Ajaccio.

BASTIA,

DE L'IMPRIMERIE FABIANI.

—

1859

ERRATA.

Page 16, ligne 24, *Actions possessoires* n° 553, lisez n° 563

Page 23, *in fine*, l'art. 3 de la loi du 29 *ventôse an* 5 *et faussement appliqué les art.* 443 *et* 1652 *du Code de procéd. civ.*
lisez, l'art. 3 *de la loi du* 29 *vend. an* 5 *et faussement appliqué les art.* 443 *et* 1032 *du Code de
Procéd. civ.*

Page 34, ligne 1, *ont été établis*, lisez *établies*

Page 40, ligne 9, *tous acte*, lisez *tous actes*

Page 80, ligne 4, *espresses*, lisez *expresses*

Page 86, ligne 1, *parmis*, lisez *parmi*

Page 92, ligne 16, *s'il s'agit d'une rente outre*, lisez *s'il s'agit d'une
rente, outre*

Page 97, ligne antépénultième. *des biens elle restitués*, lisez *des biens
à elles restitués*

Page 164, ligne 7, *habitant*, lisez *habitants*

Page 165, ligne 25, *il s'agissait*, lisez *il s'agirait*

Page 176, ligne 21, *qui les aurait déclarées*, lisez *qui les auraient déclarées*

MÉMOIRE A CONSULTER

SUR

LES PROCÈS

INTENTÉS

PAR LES CONSEILS DE FABRIQUE

POUR LA CONSERVATION DES BIENS DES ÉGLISES PAROISSIALES
ET AUTRES ÉDIFICES CONSACRÉS AU CULTE DIVIN.

———————

OBSERVATIONS PRÉLIMINAIRES.

———————

On rencontre assez fréquemment dans notre île des biens
ecclésiastiques dont l'État ne s'est jamais emparé et qui ont
continué à être possédés par les églises dont ils formaient
jadis le patrimoine. Soit que pendant la révolution ils aient
échappé à l'attention du fisc, soit que les confiscations, in-
terrompues par les événements de 1794, n'aient pas repris
partout leur cours après le rétablissement des autorités ré-
publicaines, ces débris ont été sauvés. Il était naturel de
supposer que chacun les respecterait, qu'on ne porterait pas
une main rapace sur des propriétés doublement sacrées et
par leur destination et par la pauvreté des établissements
qui en avaient conservé la jouissance.

Malheureusement il n'en a pas été ainsi. Un grand nombre d'individus se sont jetés sur ces biens comme sur une

proie offerte au premier occupant. Les plus audacieux ont pris des immeubles ou portions d'immeubles. Ils ont commis ces usurpations ouvertement, sans alléguer aucune raison, ne dissimulant point qu'ils en usaient ainsi parce qu'ils savaient qu'on ne leur opposerait aucune résistance.

Il y en a eu d'autres qui n'ont pas eu besoin pour dépouiller les églises, de procéder par voie d'envahissement. Ils occupaient des terrains ou autres immeubles en qualité de fermiers, colons, locataires, ou à d'autres titres qui impliquaient la reconnaissance du droit de propriété appartenant à une église. Ils se sont affranchis de cette dépendance. Ils ont refusé le paiement des fermages, rentes et autres sommes dont ils étaient débiteurs et ont prétendu jouir comme propriétaires de ces mêmes immeubles qu'ils détenaient au nom d'autrui.

En certains endroits, on a vu s'accomplir des conventions qui auraient provoqué jadis toutes les rigueurs de la justice. Les administrateurs du temporel des églises voulant favoriser leurs parents ou amis, ont aliéné, sans les formalités requises et à vil prix, les biens confiés à leur tutelle (1). Ailleurs ce ne sont pas les administrateurs qui ont effectué la vente. Quelques habitants d'un village ou hameau, n'ayant absolument d'autre qualité que celle d'habitants du lieu, se sont permis d'aliéner les biens de la chapelle commune. En d'autres localités on a fait tort aux églises, en empiétant sur leurs droits de diverses manières. On les a

---

(1) Accade non di raro che delle persone poco scrupolose, profittando della trascuraggine dei consigli di fabbrica, e alcune volte colla connivenza dei medesimi, ardiscono d'invadere le proprietà ecclesiastiche, e negano sfacciatamente di restituirle dopo di averle possedute per un certo tempo. Vi sono stati ancora dei fabbricieri, i quali hanno venduto essi stessi a vil prezzo e senza formalità nè civili nè ecclesiastiche i beni affidati alla loro custodia, spogliando e rubando le chiese di cui erano stati eletti protettori e difensori. (Cette note figure depuis plusieurs années dans l'*Ordo* du diocèse.)

étroitement resserrées entre des bâtiments qui leur ont ôté l'air et la lumière ; on les a entourées d'égoûts et de latrines.

La situation de nos édifices sacrés, envisagée sous ce rapport, est déjà déplorable ; mais elle s'aggravera de plus en plus. Les usurpations ne cesseront que lorsqu'il n'y aura plus rien à usurper, à moins que l'intervention de la justice ne mette un terme à ces scandales. Les empiétements se succèdent sans interruption. Ceux que l'on a vu commettre servent de prétexte et d'encouragement à ceux que l'on médite. Ce sont des précédents que l'on fait valoir avec une obstination sans égale. Un tel s'est arrangé au détriment d'une église ; donc il doit m'être permis d'en faire autant. Toutes les représentations échouent contre cet argument où la cupidité se cache sous les dehors de l'amour-propre. On fait entendre qu'on se regarderait comme humilié et méprisé si on était contraint de se renfermer, à l'égard des biens ecclésiastiques, dans une légalité que d'autres ont foulée aux pieds impunément. Par suite d'une certaine ignorance qui est venue se joindre à la cupidité, on s'habitue peu à peu à considérer les biens des églises comme des propriétés communes sur lesquelles chacun peut prendre ce qu'il lui faut pour s'arrondir et s'installer à son aise. On a l'air de ne pas concevoir que les églises, représentées par leurs administrateurs, se montrent aussi exigeantes et aussi attachées à leurs droits que le seraient des particuliers. On dit qu'il sied mal à des établissements sacrés de plaider pour des choses de peu d'importance ; quant au degré d'importance, on l'apprécie toujours selon le besoin de la cause que l'on défend. Celui qui veut empiéter sur les droits d'une église soutient nécessairement que ses empiétements ne causeront à l'église que peu ou point de dommage. En partant de cette supposition, il arrive à conclure qu'on le vexe, qu'on le persécute en s'opposant à ses projets. Ainsi l'envahisseur du bien d'autrui se pose en victime, et les personnes qui accomplissent leur mandat en repoussant l'usurpation sont représen-

tées comme des gens animés d'un esprit de chicane, de tra-
casserie et de malveillance.

Or ce système n'est pas seulement faux dans quelques uns
de ses détails ; il est faux dans toutes ses parties ; c'est la né-
gation et le renversement de tous les principes, de toutes les
lois ecclésiastiques et civiles qui concernent l'administration
des biens des fabriques.

En effet, selon les lois canoniques, les biens des églises
sont sacrés et on ne saurait y toucher sans sacrilége ; selon
les lois civiles, ils ne sont pas moins inviolables que ceux
des particuliers. Quelle que soit leur origine, qu'ils aient
été achetés ou donnés, qu'ils proviennent de libéralités
individuelles ou d'offrandes collectives, dès qu'ils appartiennent à une église nul n'a plus rien à y prétendre,
ni les particuliers ni le public. L'église qui les possède
est assimilée à tous les autres propriétaires, auxquels on
ne peut rien enlever sans leur consentement, sauf le cas
d'expropriation pour cause d'utilité publique. Il y a plus.
Tandis qu'un propriétaire ordinaire n'a besoin d'aucune autorisation pour aliéner ce qui lui appartient, les biens et
même les droits immobiliers des églises ne peuvent être aliénés, même par voie d'échange ou de transaction, qu'après
l'accomplissement de plusieurs formalités et avec la double
autorisation de l'évêque et du gouvernement. Quant aux aliénations à titre gratuit, elles sont absolument interdites. Les
fabriciens peuvent être généreux comme hommes privés et
lorsqu'ils disposent de leurs propriétés personnelles ; mais
comme administrateurs des biens des églises ils n'ont point
de générosité à exercer ; ils ne doivent consulter que les règles de la justice la plus stricte et la plus rigoureuse. Ceux
d'entre eux qui aliéneraient indûment les biens dont ils ont
la gestion seraient passibles de dommages et intérêts en faveur de l'église lésée ; les aliénations par eux consenties
pourraient être annulées, et ils attireraient sur eux l'excom-
munication majeure portée par les lois canoniques contre

les auteurs ou complices de toute aliénation de biens ecclésiastiques pour laquelle on n'aurait pas observé les formalités requises.

Les fabriciens remplissent donc un devoir de conscience lorsqu'ils se refusent à toute concession qui ne serait pas sanctionnée par l'autorité supérieure ecclésiastique et civile, et lorsqu'ils repoussent, au nom de leur église, des empiétements qu'un propriétaire ordinaire ne supporterait point. Au lieu de blâmer leur résistance, il faudrait la louer et l'encourager.

Il peut arriver, sans doute, qu'un esprit de contention et de chicane s'empare de quelques fabriciens, et que le zèle apparent pour les droits de leur église ne soit qu'un manteau sous lequel se cachent des passions peu honorables. Mais il est rare qu'un conseil de fabrique se détermine à plaider pour de semblables motifs. Le danger n'est pas là. Il ne faut pas craindre que les fabriciens, entraînés par un excès d'ardeur, intentent des procès trop facilement. Il faut craindre plutôt qu'ils ne pèchent par un excès de timidité.

En général on aime peu les luttes et les procès. On s'y résigne lorsqu'on a des intérêts personnels à défendre, mais on n'est guères porté à les entreprendre et à les soutenir dans un but d'intérêt public. Perdre des amis ou se faire des ennemis sans autre avantage que de protéger un établissement, une institution, c'est une perspective peu attrayante par elle-même, d'autant plus qu'on n'a pas la certitude de sauver ce que l'on protège. Trouvera-t-on le chemin libre pour arriver jusqu'aux tribunaux? Les avis favorables, autorisations, etc., dont il faut être pourvu pour être admis à plaider ne seront-ils pas refusés? Pour peu que l'on ait affaire à des gens actifs et remuants, on risquera beaucoup de se voir éconduit. A force de crier, de s'agiter et de se plaindre, les usurpateurs des droits de votre église prouveront qu'ils ont pour eux toutes les raisons du monde et que tous les torts sont de votre côté; motif pour lequel il ne faut pas permettre que les tribunaux soient saisis de votre affaire. En vain représenterez-vous que si votre demande est mal fondée les tribunaux la repousseront, mais que dans l'intérêt de votre église et de la justice il faut discuter le fond de la cause devant l'autorité judiciaire; les prétendues victimes de votre prétendue malveillance redoubleront leurs cris et feront si bien que l'accès des tribunaux vous sera interdit. Ainsi vous n'aurez gagné pour vous-même que des inimitiés, et pour l'établissement confié à votre tutelle qu'un échec bien propre à encourager de nouvelles usurpations.

Ces considérations frappent naturellement l'esprit des fabriciens lorsqu'ils délibèrent sur un procès à entreprendre. Si elles ne se présentent pas toujours toutes ensemble, il y en a au moins une qui ne manque jamais d'attirer l'attention; c'est la perspective des désagréments qu'on se prépare en engageant une lutte contre des personnes audacieuses et plus ou moins influentes ou remuantes, comme le sont ordinairement les adversaires des fabriques. Dieu sait combien d'églises ont été lésées dans leurs droits, combien de spoliations elles ont subies sans qu'une voix se soit élevée pour protester contre ce brigandage. Et parmi tant d'administrateurs qui au lieu de résister aux usurpations les ont favorisées par leur silence, y en a-t-il au moins quelques-uns qui reconnaissent leur faute, qui soient disposés à montrer désormais plus de courage? Il est permis d'en douter. C'est déjà beaucoup pour la plupart d'entre eux que de remplir exactement leur devoir lorsqu'ils ne rencontrent point d'obstacles ni de contradictions. S'ils se trouvent en présence d'un adversaire déterminé, ils se persuadent facilement qu'ils ne sont point tenus de compromettre leur tranquillité et leurs intérêts personnels pour défendre les intérêts de la paroisse tout entière.

Prêcher la patience à des hommes si endurants, leur reprocher comme une témérité les rares velléités d'énergie qu'ils manifestent, c'est vraiment leur ôter le peu de vigueur qu'ils conservaient encore, c'est éteindre la mèche fumante et achever de briser le roseau cassé ; c'est détruire la dernière barrière que les voleurs et les usurpateurs rencontraient sur leur chemin. En paralysant les mouvements d'un conseil de fabrique, vous ne frappez pas une seule église, vous en frappez un grand nombre. La leçon que vous donnez ne sera pas perdue, soyez-en sûrs. Les administrateurs des établissements publics apprendront par là qu'ils doivent borner leur zèle à défendre leur propre bourse, et comme ce système a pour lui tous les instincts de la nature corrompue, il réussira au-delà de votre attente.

EXAMEN DE DIVERSES QUESTIONS

RELATIVES

AUX PROCÈS INTENTÉS PAR LES FABRIQUES.

La stratégie communément adoptée par les adversaires des églises, consiste à empêcher que les tribunaux ne soient saisis du fond même des contestations; nous en avons déjà fait la remarque. Plus ces individus sont de mauvaise foi et ont la conscience de leur improbité, plus ils persistent dans cette guerre de ruses et de chicanes. Qu'auraient-ils à répondre, en effet, s'ils devaient dire comment et en vertu de quel droit ils sont propriétaires ou possesseurs des biens ecclésiastiques sur lesquels ils ont mis la main? Le débat une fois porté sur ce terrain, ils seraient bientôt convaincus d'usurpation et de vol. Ils invoquent donc les exceptions et les fins de non recevoir. Ils font valoir divers arguments qui aboutissent tous à la même conclusion et se résument ainsi : Il n'est pas nécessaire d'examiner si les biens en litige m'appartiennent, ni comment ils m'appartiennent. Je soutiens que la fabrique n'a point qualité pour les réclamer, qu'elle ne doit pas être admise à plaider. Cela me suffit, car si la fabrique est mise hors de cause, je n'aurai plus de revendications ni d'oppositions à craindre, personne n'ayant plus de droits que la fabrique.

Rien n'est plus commode pour des usurpateurs que ce genre de défense. Nous croyons cependant que nos lois, bien interprétées, ne le favorisent point. C'est ce que nous espérons prouver, en discutant successivement les questions qu'on soulève pour entraver la marche des procès intentés par les fabriciens.

---

§ 1er

DIFFICULTÉS RELATIVES A L'AUTORISATION DE PLAIDER.

L'autorisation préalable du Conseil de Préfecture est-elle nécessaire aux fabriques pour tous les procès qu'elles veulent entreprendre, y compris les actions possessoires ?

Est-elle nécessaire pour les actions judiciaires ayant un caractère d'urgence ?

Est-elle nécessaire pour les actions ayant pour objet le recouvrement des revenus ou l'exercice d'un droit qui n'est point contesté en lui-même ?

I.

Tous les établissements publics sont soumis à la surveillance et à la tutelle de l'autorité supérieure. C'est dans un but de protection pour leurs intérêts qu'on ne permet point à leurs administrateurs de s'engager dans un procès avant que l'affaire ait été examinée par le Conseil de préfecture. Ce conseil n'est pas juge du fond de la cause; mais il doit en prendre connaissance, afin de s'assurer que la demande à former devant les tribunaux n'est pas dénuée de fondement et qu'il y a quelques chances de succès.

Mais cette tutelle, établie dans l'intérêt des établissements, ne doit jamais être tournée contre eux. Elle ne doit jamais servir à les mettre dans l'impuissance de se défendre et à faciliter les spoliations qu'on méditerait à leur préjudice.

Ce principe est très-essentiel. Si on le perdait de vue, les lois concernant l'autorisation préalable auraient trop souvent pour résultat de livrer un établissement, pieds et poings liés, aux entreprises de ses adversaires. Pour leur faire produire ces effets, on n'aurait qu'à les interpréter judaïquement, sans les expliquer ni les compléter par d'autres lois ayant avec elles une liaison nécessaire, sans avoir égard aux principes généraux du droit commun dont l'influence doit toujours se faire sentir, même dans l'application des lois spéciales. Ce système étroit où l'on s'attache servilement à ce que l'on croit être le sens littéral de la loi et où l'on ne tient aucun compte des conséquences qu'entraînera la décision des juges, ce système, disons-nous, supposerait dans les magistrats très-peu de lumières, et on n'en pourrait rien attendre pour la bonne administration de la justice. Il y a eu des tribunaux qui l'ont embrassé, mais lorsque leurs jugements ont été déférés à la Cour de Cassation, elle a déclaré *qu'ils avaient fait tourner contre les établissements une mesure législative introduite en leur faveur,* qu'ils avaient *violé les principes de la matière* et *faussement appliqué* la loi.

Les exceptions à la règle générale sont indiquées ici par la nature même de certaines affaires exigeant une marche rapide et incompatible avec les délais qu'entraîne une demande en autorisation. Lorsque l'établissement est menacé d'une déchéance, il serait absurde de le renvoyer devant le conseil de préfecture pour qu'il sollicite une autorisation, laquelle arrivera peut-être lorsque la déchéance sera déjà un fait accompli.

Les actions possessoires sont du nombre de ces affaires urgentes; elles ont pour objet, comme chacun le sait, de faire maintenir ou rétablir dans la possession d'un immeuble ou d'un droit, celui qui y est troublé ou qui en est dépouillé par des voies de fait. Parmi ces actions, il y en a une, *la dénonciation de nouvel œuvre,* destinée à faire suspendre les constructions commencées par des voisins; celle-ci ne souffre pas le moindre retard; la différer ce serait l'anéantir et laisser consommer des entreprises contre lesquelles il n'y aurait plus de remède. Les autres actions possessoires, quoique moins urgentes que la dénonciation de nouvel œuvre, le sont néanmoins assez pour exiger une procédure très-expéditive. Elles doivent toutes être intentées dans l'année du trouble. Une fois l'année expirée, celui qui a été troublé dans l'exercice de ses droits ne peut plus agir au possessoire; la possession est passée à son adversaire et il ne lui reste plus d'autre moyen que d'agir au pétitoire, c'est à dire de revendiquer la propriété de ce qu'on lui a enlevé. Mais pour cela il faut des titres.

Si donc il arrive (et ce cas est très-fréquent) que le propriétaire d'un immeuble ou d'un droit ait perdu ses titres et n'ait conservé que la seule possession, en perdant celle-ci il perdra tout, et il pourra se voir entièrement et irrévocablement dépouillé par la seule expiration du délai d'une année qu'il a laissée écouler sans intenter une action judiciaire.

Ce délai d'une année, déjà court par lui-même, le devient encore davantage par l'effet des circonstances. Vous ne connaissez pas toujours immédiatement les usurpations qui se commettent à votre préjudice; peut-être plusieurs mois se passeront-ils sans que vous en soyez informé, surtout si vous n'êtes point propriétaire des biens sur lesquels on a empiété, mais seulement administrateur de l'établissement auquel ils appartiennent. Vous n'aurez donc devant vous que très-peu de temps; d'un autre côté, votre instance en autorisation pourrait durer près d'un an et même davantage, si vous deviez la pousser jusqu'au Conseil d'État (1). Pen-

---

(1) Les administrateurs d'un établissement pour lequel on sollicite l'autorisation de plaider, ont besoin d'un certain délai pour se mettre en mesure de produire les délibérations et autres pièces à l'appui de leur demande. A partir de la date du récépissé de leur mémoire, le Conseil de Préfecture a deux mois de temps pour rendre sa décision, laquelle doit ensuite être notifiée par le Préfet aux administrateurs. Ceux-ci ont un délai de trois mois, à partir du jour de la notification, pour se pourvoir devant le Conseil d'Etat, lequel doit statuer dans le délai de deux mois à partir du jour de l'enregistrement du pourvoi au secrétariat général du Conseil. Mais cette obligation de statuer dans le

dant cet intervalle, vous encourriez la déchéance. D'ailleurs, il s'agit pour vous de repousser un ennemi qui dévaste peut-être vos propriétés sans que vous ayez l'assurance ni même l'espoir d'un dédommagement.

Les actions possessoires sont donc urgentes par elles-mêmes, et, comme telles, dispensées de l'autorisation préalable; elles sont très-urgentes lorsque le délai d'une année est près d'expirer, et à ce titre elles entraînent la dispense de l'autorisation, non seulement comme actions possessoires, mais encore comme actes conservatoires dans le sens le plus strict de ce mot.

La première partie de notre assertion se prouve par l'art. 55 de la loi municipale du 18 juillet 1837, ainsi conçu.

« Le Maire pourra toutefois, sans autorisation préalable, » intenter toute action possessoire ou y défendre, et faire » tous actes conservatoires ou interruptifs des déchéan-» ces. »

C'est un principe généralement reconnu que les dispositions relatives à la tutelle exercée sur les communes par l'autorité administrative, s'appliquent de plein droit aux établissements soumis à la même tutelle, parce que les raisons sont les mêmes pour les uns comme pour les autres, et parce que le législateur ne veut point se donner une peine inutile en renouvelant pour chaque catégorie d'établissements des dispositions dont l'étendue est déjà suffisamment déterminée par le caractère qu'elles présentent.

Ainsi tout le monde convient qu'en vertu de la loi municipale de 1837, les délais pour demander l'autorisation au Conseil de Préfecture et pour le recours au Conseil d'État sont réglés, pour tous les établissements sans distinction,

---

délai de deux mois n'existe pour le Conseil d'Etat que dans les cas où les communes et autres établissements sont défendeurs. Si, au contraire, ce sont eux qui demandent, le délai pour statuer n'est point limité. (V. DALLOZ, v° *Communes*, n° 1670.)

par l'art. 52 et suivants de la dite loi, quoiqu'elle parle uniquement des communes.

Ainsi un décret du 12 septembre 1811 ayant décidé que l'université n'a pas besoin d'être autorisée pour se rendre adjudicataire d'un bien dont elle poursuit elle-même l'expropriation, on enseigne que ce décret est applicable aux fabriques et à tous les établissements publics, parce que les motifs sont les mêmes. (Voir Dalloz, répertoire, v° *culte*, n° 610.)

Ainsi, l'art. 49 de la loi municipale de 1837 portant qu'après un jugement intervenu, les communes ont besoin d'être autorisées de nouveau pour se pourvoir devant un autre degré de juridiction, on exige maintenant, contrairement à plusieurs arrêts antérieurs à la dite loi municipale, que les fabriques se soumettent à cet article, attendu qu'elles sont assimilées aux communes. (Dalloz, v° *culte* n° 621.) En effet le décret du 7 thermidor an XI portait que les biens des fabriques seront administrés dans la forme particulière aux biens communaux. Le décret du 30 décembre 1809 a renouvelé cette disposition dans son article 60, ainsi conçu :

« Les maisons et biens ruraux appartenants à la fabrique seront affermés, régis et administrés par le bureau des marguilliers, dans la forme déterminée pour les biens communaux. »

Il résulte de cette assimilation que la tutelle de l'autorité administrative ne peut être pour les fabriques ni plus ni moins rigoureuse qu'elle ne l'est pour les communes, en sorte que les unes et les autres marchent sur la même ligne, à moins qu'une loi expresse et formelle ne mette entre elles quelque différence.

Or l'art. 77 du décret du 30 décembre 1809 qui défend aux marguilliers d'entreprendre aucun procès sans l'autorisation du Conseil de préfecture n'a fait que proclamer la règle générale à laquelle sont soumis tous les établissements publics. Ce principe devait être clairement exprimé dans un décret qui réorganisait toute l'administration des biens des églises. Quant aux exceptions à la règle générale, outre qu'elles sont indiquées par l'article 78 du décret, le législateur n'était pas obligé de les déterminer ; il pouvait s'en remettre aux décrets et décisions concernant les établissements publics, parmi lesquels sont comptées les fabriques. Assurément aucun motif raisonnable ne saurait être invoqué pour refuser à ces dernières les exemptions dont jouissent tous les autres établissements soumis à la tutelle administrative. Si l'art. **77** du décret entendu littéralement devait les placer dans une situation si étrange, il faudrait s'écarter de la lettre pour adopter l'interprétation qu'exigent le bon sens et la justice.

Aujourd'hui, l'autorisation préalable, en matière d'actions possessoires, n'est plus nécessaire ni pour les communes, ni pour les départements, ni pour le domaine, ni pour les établissements publics.

Elle ne l'est point pour les communes ; on l'a déjà vu, et Dalloz, dit à ce sujet : « En général, les communes ne peu-
» vent former une demande en justice ni y défendre, sans
» l'autorisation du conseil de préfecture. Mais la *nature et*
» *l'urgence* des actions possessoires a fait introduire une
» exception à cette règle. » (Répertoire, v° *Actions posses-*
soires, n° 553.)

Or la *nature et l'urgence* des actions possessoires sont des motifs qui militent pour les fabriques non moins que pour les communes. Quant aux départements, au domaine et aux établissements publics, voici ce que nous lisons dans le même ouvrage de Dalloz (v° *Actions possessoires* n° 571 et 572).

» Les actions possessoires relatives aux propriétés départementales peuvent être exercées au nom des départements par les Préfets, sans autorisation préalable. — Arg. de l'art. 26 de la loi du 30 mai 1838. —

» Le préfet représentant l'État peut pareillement intenter

seul et sans autorisation les actions possessoires concernant les biens de l'État. V. *Domaine de l'État.*

» Sont également affranchis de la formalité de l'autorisation les administrateurs d'établissements publics qui exercent l'action possessoire au nom de ces établissements et les tiers qui forment contre eux cette action. — Avis du Conseil d'État du 2 juillet 1806. »

Voilà donc les communes, les départements, le domaine et tous les établissements publics dispensés de l'autorisation pour l'exercice des actions possessoires. Les fabriques seules seront-elles exceptées ? Ne sont-elles pas comprises dans la dispense et en vertu des motifs qui l'ont dictée, et en vertu des termes exprès de l'avis du Conseil d'État du 2 juillet 1806 ? Que les fabriques soient des *établissements publics*, c'est ce qui ne fait pas l'objet du moindre doute. (Voir Carré, *Procédure Civile* tom. 1 pag. 442 n° 370. — Dalloz v° *culte* n° 535.)

Nous connaissons deux auteurs qui dispensent les fabriques de l'autorisation en matière possessoire. L'un nous donne cette doctrine comme une opinion à laquelle il adhère (*Dictionnaire de droit et de jurisprudence civile ecclésiastique* par M. Prompsault.) L'autre, plus récent, l'affirme positivement comme une règle qui n'est point contestée. (André, *Législation civile ecclésiastique*, v° *action possessoire*). Nous ne connaissons aucun auteur qui professe le sentiment opposé; mais s'il y en a quelques uns, nous sommes sûr qu'ils n'ont aucune bonne raison à déduire en faveur de leur système.

II.

Nous avons considéré jusqu'ici les actions possessoires sous l'aspect qui leur est propre. Nous allons les considérer maintenant comme actes interruptifs des déchéances; elles

2

prennent ce caractère lorsque leur exercice est immédiatement requis pour prévenir l'expiration du délai de rigueur. Dans ce cas, elles se confondent avec beaucoup d'autres actes judiciaires qui, sans avoir rapport à la possession, sont destinés à interrompre les déchéances de diverse nature dont un propriétaire peut être menacé. Nous n'aurons donc qu'à exposer les principes admis relativement à ces actes en général. L'art. 78 du décret du 30 décembre 1809, combiné avec l'art. 77, autorise le trésorier d'une fabrique à faire sans autorisation *tous les actes conservatoires pour le maintien des droits de la fabrique.* C'est d'ailleurs un principe incontestable et incontesté que les actes conservatoires peuvent et doivent se faire sans autorisation. Voyons donc ce qu'il faut entendre par *actes conservatoires.*

On donne ordinairement ce nom à des actes par lesquels on conserve un droit sans introduire une instance devant les tribunaux. Tels sont une sommation, un commandement, une saisie-gagerie etc. Mais il y a des cas où le droit ne peut être conservé qu'au moyen d'une action judiciaire. Ainsi pour interrompre le délai qui nous priverait de la possession annale ou du droit d'appel contre un jugement, il faut une citation en justice ; la citation est également nécessaire pour interrompre la prescription, lorsqu'on n'est pas en mesure d'agir par voie de commandement ou de saisie. Les sommations et autres actes semblables n'auraient point de valeur; ils ne *conserveraient* point les droits qu'on voudrait sauver.

La citation en justice est alors un acte *conservatoire* que le trésorier peut faire sans autorisation préalable. Ce point sera prouvé surabondamment par les autorités que nous citerons. Il suit de là qu'une action judiciaire peut être ou n'être pas rangée parmi les actes conservatoires selon que son exercice présente ou ne présente pas un caractère d'urgence. Il faudra donc qu'on ne se borne pas à examiner la nature de cette action, mais qu'on ait égard aux circonstances dans lesquelles elle est intentée.

M. Affre (pag. 344) met au nombre des actes conservatoires l'appel d'un jugement défavorable, pourvu que cet appel n'ait d'autre objet que d'empêcher l'instance d'être périmée. Il place également dans cette catégorie la citation en justice qui aurait pour but d'interrompre la prescription.

Voici ce que nous lisons dans le Répertoire de Dalloz (v° *Communes* n°s 1526 et 1527):

«De ce que l'autorisation est requise de la part d'une commune qui veut intervenir dans une instance criminelle, correctionnelle ou de police, il suit qu'on doit déclarer non recevable un pourvoi formé par un maire, dans l'intérêt de sa commune, contre un jugement de simple police, dans lequel cette commune n'avait pas été autorisée à plaider comme partie privée......

» Si *cependant l'action présentait un caractère d'urgence* qui nécessitât une prompte intervention, elle serait validement introduite à *titre d'acte conservatoire*, alors même que la commune n'aurait pas obtenu d'autorisation préalable (Loi du 18 juillet 1837). C'est ainsi qu'il a été jugé, avant 1837, et qu'on devrait également juger aujourd'hui, que le maire d'une commune n'a pas besoin d'une autorisation de plaider, de la part du Conseil de préfecture, à l'effet d'intervenir dans l'instance sur délit forestier commis dans une forêt communale » (Grenoble 3 avril 1824.) — (1).

Ici l'intervention de la commune dans le procès est un acte qui de sa nature exigerait l'autorisation préalable ; mais attendu l'urgence, elle est considérée comme *conservatoire*

---

(1) Voici le principal *Considérant* de cet arrêt :

« Considérant qu'une semblable poursuite qui, de sa nature, est urgente et doit avoir lieu dans un bref délai à peine de prescription, est un acte conservatoire, un acte d'administration qui n'appelle aucune solennité etc. »

et dispensée de l'autorisation. C'est ce que l'on verra également dans le cas suivant :

« Par application de l'art. 55 (de la loi du 18 juillet 1837), il a été jugé qu'un maire peut faire, sans autorisation , tous les actes conservatoires exigés par les circonstances dans l'intérêt de la ville qu'il administre, et, par exemple , qu'il n'a pas besoin d'autorisation, pour plaider dans l'instance engagée sur la requête par lui présentée à l'effet d'interdire à des particuliers le droit de continuer des constructions (1). (Dalloz — V° *Communes* n° 1612. —)

Dans les deux cas que nous venons d'exposer, il a été jugé que l'urgence de l'affaire entraînait la *dispense* de l'autorisation. Il y en a d'autres dans lesquels l'urgence ne dispense point de l'autorisation, mais elle permet d'introduire l'instance sans formalités préalables, sauf à solliciter l'autorisation pour *continuer* l'instance déjà commencée. Ainsi les déchéances sont prévenues, et les droits des établissements sont sauvés sans préjudice de la tutelle exercée par l'autorité administrative. Nous allons citer de nouveau.

« En principe, l'autorisation doit être obtenue, dans le cas où elle est requise, avant la formation de l'instance. Cela résulte de la disposition formelle de l'art. 49 de la loi du 18 juillet 1837 qui porte etc.... Mais cette règle doit-elle être entendue rigoureusement et de telle sorte que les actes de procédure faits avant d'obtenir l'autorisation soient frappés de nullité ? Il nous semble qu'il y a lieu de distinguer entre le cas où l'autorisation est accordée dans le cours de l'ins-

(1) « Attendu que conformément à une jurisprudence constante que l'art. 55 de la loi du 18 juillet 1837 n'a fait que sanctionner, les maires pouvaient, avant cette loi, faire tous les actes conservatoires exigés par les circonstances ; qu'il suit de là que le maire de Carpentras peut défendre aujourd'hui devant la Cour, sans y être autorisé, le jugement qu'il a obtenu du tribunal de Carpentras sur une action qu'il a pu introduire devant lui sans autorisation etc.(Cour de Nîmes, 7 mai 1841.)

tance et celui où elle est refusée. Dans la première hypothèse, l'autorisation a pour effet de valider la procédure suivie
jusqu'à ce moment. La raison de décider ainsi se tire de ce
que le bienfait de l'autorisation préalable a été introduit
dans l'intérêt même des communes et ne doit jamais être
retourné contre elles. Or c'est à ce résultat qu'on arriverait,
si on obligeait les communes qui n'ont été autorisées que
depuis l'introduction de l'instance, à subir une condamnation par défaut, sauf à recommencer une nouvelle instance
en vertu de l'autorisation obtenue; car les premiers actes
ont pu conserver des droits qui se seraient éteints entre
le moment de leur accomplissement et celui de l'autorisation.

» C'est par une conséquence immédiate de ces principes
qu'il avait déjà été décidé et généralement reconnu avant
1837 que l'appel pouvait être interjeté par le maire d'une
commune avant d'avoir obtenu l'autorisation du Conseil de
préfecture. En effet l'appel est un acte conservatoire qui
n'engage en rien la commune, qui prévient au contraire la
déchéance dont celle-ci pourrait se trouver frappée, si le
délai voulu pour interjeter cet appel venait à expirer avant
d'avoir pu obtenir à cet égard l'autorisation du Conseil de
préfecture. Telle est la doctrine qu'enseignent MM. Henrion,
Cormenin, Reverchon, Merlin, Berriat, Carré. Elle a été également consacrée par la jurisprudence......

» Mais cet acte conservatoire une fois fait, la commune,
pour lui donner suite, devait nécessairement obtenir l'autorisation du Conseil de préfecture, et les juges d'appel pouvaient lui fixer un délai dans lequel elle serait tenue, sous
peine de déchéance, de représenter cette autorisation. —
(Grenoble 4 janvier 1830.)

» Avant la loi nouvelle qui, comme on l'a vu, dispense la
commune d'autorisation pour l'exercice des actions possessoires, on jugeait aussi *qu'une action pareille avait pu*

être valablement intentée par une commune, quoiqu'elle n'eût obtenu l'autorisation que depuis. (1)

» Il a été décidé pareillement qu'une commune défenderesse peut, avant l'autorisation, constituer avoué et demander une communication de pièces. (2)

» Les solutions qui précèdent devraient être évidemment approuvées et suivies sous l'empire de la loi nouvelle qui autorise expressément le maire à faire tous actes conservatoires et *interruptifs des déchéances*, sauf, toutefois, conformément à ce que nous avons dit *suprà* nº 1608 et suiv., au sujet des actions possessoires qui peuvent être intentées et *suivies*, sans autorisation, aux termes de l'art. 63 de la loi du 18 juillet 1837.

» Dès lors qu'il est reconnu comme constant que l'autorisation intervenue pendant le cours de l'instance a pour effet de valider les actes de procédure faits jusqu'à ce moment, il en résulte que la commune à laquelle on oppose le défaut d'autorisation est bien fondée à demander un sursis pour l'obtenir, et que le tribunal ou la cour saisie peut le lui accorder. (3)

---

(1) Considérant que les lois des 24 décembre 1789, 29 vendém. an 5 et 18 pluv. an 8, en défendant aux communes de plaider sans y être autorisées par l'autorité administrative, ne leur ont pas défendu de faire *les actes conservatoires* avant d'avoir cette autorisation ; que le système contraire pourrait, en certaines circonstances, causer aux communes un préjudice qui serait irréparable. — Considérant qu'il s'agissait dans l'espèce, d'une action possessoire qui, aux termes de la loi, doit être intentée dans l'année du trouble, à peine de déchéance. — Considérant enfin que l'arrêté du Conseil de préfecture de la Haute-Marne du 1er avril 1826 a habilité la commune de Longean à suivre sur les demandes etc.— Rejette.-- (C. de Cassation, Ch. des Req. 29 mars 1830.)

(2) » Attendu que la constitution d'avoué par acte du 12 février dernier n'a été qu'une *mesure d'urgence* à laquelle la commune de Courcelles-lès-Sens a eu recours pour demander un délai à l'effet de se munir de l'autorisation nécessaire à sa défense etc. (C. de Douai 4 mai 1836.)

(3) Jugement du Tribunal de Vitry-le-Français qui considère *qu'une*

» Jugé même qu'il y a lieu de casser l'arrêt qui sans accorder de sursis déclare l'appel non recevable sur le motif que la commune n'est pas autorisée. (1)

(Dalloz, *ubi supra* n° 1622 et suivants.)

» Du reste, il ne faut pas se méprendre sur la portée de la doctrine que nous venons de présenter, doctrine qui doit être restreinte aux simples actes de procédure antérieurs à l'autorisation. Toutes les fois qu'il s'agira au contraire d'actes obligatoires, de jugements intervenus avant que la formalité de l'autorisation ait été remplie, ces actes, ces jugements seront considérés comme nuls, dans l'intérêt de la commune; puisqu'une commune ne peut contracter au-

---

action possessoire rentre dans les actes conservatoires qui sont dans les attributions du maire et pour lesquels, il n'a pas besoin d'être autorisé. — En tous cas, le jugement pourvoit la commune du délai d'un mois pour obtenir, s'il y a lieu, l'autorisation. — Pourvoi. — Arrêt. —

La Cour. — «Attendu que l'arrêt dénoncé, en accordant au maire de la commune de Blaise-sous-Arzilliers un mois pour se procurer l'autorisation du Conseil de préfecture » s'il y avait lieu, n'a fait que ce que le premier juge aurait dû faire et n'a, par conséquent, violé aucune loi. — Rejette (C. de Cassation Ch. des Req. 24 décembre 1828.)

(1) Le jugement attaqué avait considéré que l'autorisation n'avait été accordée à la commune que pour la défense; qu'il avait même été dit qu'en cas d'appel la commune devait se pourvoir d'une nouvelle autorisation.

La Cour. — Attendu que le tribunal de Lure, par son jugement du 22 juillet 1830, en prononçant d'office sur la question de l'insuffisance de l'autorisation représentée par la commune de St Bresson, et refusant à celle-ci le sursis qu'elle demandait pour faire régulariser la procédure, a fait tourner contre elle une mesure législative introduite en faveur des communes; que, dans l'espèce, la commune de St Bresson n'a pu faire valoir ses moyens ni pour éclairer la justice sur la validité de l'autorisation représentée, ni pour régulariser la procédure, puisqu'on lui refusait un sursis; qu'en ce faisant le jugement attaqué a *expressément violé les principes de la matière*, l'art. 3 de la loi du 29 ventôse an 5, et faussement appliqué les art. 443 et 1652 du Code de procéd. civ. etc. (Cassation, 16 avril 1834.)

cun engagement sans une autorisation expresse de l'autorité administrative. (1)

(Le même, n° 1634.)

Tout ce qui précède s'applique nécessairement aux fabriques et autres établissements publics, parce que les principes et les règles en matière d'autorisation sont les mêmes pour eux que pour les communes. Quant aux *actes conservatoires* en particulier, nous avons les dispositions formelles du décret du 30 décembre 1809, art. 78, qui dispensent de la formalité de l'autorisation les trésoriers des fabriques (2). Or la jurisprudence range parmi les actes conservatoires toutes les actions judiciaires qui doivent être exercées sans retard, afin de prévenir les déchéances; donc ces sortes d'actions peuvent être introduites par les fabriques sans autorisation préalable; et les actions possessoires jouiraient de ce privilège attendu leur urgence, si elles n'étaient déjà nommément affranchies de l'autorisation par l'art. 55 de la loi du 18 juillet 1837. Ce sont le bons sens et la justice même qui parlent par la bouche des jurisconsultes ou des tribunaux que nous venons de citer. Pour embrasser le système opposé il faudrait se jeter dans des interprétations où la rai-

___

(1) Cette distinction établie par **Dalloz**, entre les actes de procédure qui lient un établissement public et ceux qui ne produisent point d'engagements, paraît justifiée par un arrêt de Cassation que citent plusieurs auteurs et notamment Carré, *Traité du Gouvernement des paroisses* n° 515. Cet arrêt, du 11 janvier 1809 déclare que « tout ce qui » avait été dit et fait par une commune avant qu'elle eût été autorisée à » plaider, est nul et ne peut *la lier* en aucune manière »

(2) L'art. 77 porte que les marguilliers ne pourront entreprendre aucun procès sans autorisation ; l'art. 78 est ainsi conçu :

« *Toutefois* le trésorier sera tenu de faire tous actes conservatoires pour le maintien des droits de la fabrique et toutes diligences nécessaires pour le recouvrement de ses revenus. »

Le mot *toutefois* placé au commencement de l'article indique assez que par opposition à la règle contenue dans l'article précédent, il s'agit ici d'actes à faire sans autorisation.

son et les lois elles-mêmes seraient complétement sacrifiées, parce que sous prétexte de fidélité au sens littéral, on arriverait à des résultats tout à fait contraires à ceux que le législateur a voulu obtenir. *On ferait tourner contre les fabriques une mesure législative introduite en leur faveur, et on violerait les principes de la matière* (1).

Certes, il n'y a rien de moins intelligent, rien de plus injuste que le système où l'on accueille avec faveur et, pour ainsi dire, avec empressement, toutes les fins de non-recevoir ayant pour but d'étouffer les réclamations des fabriques. Il semble quelquefois que l'on regarde les administrateurs des églises comme des gens suspects et dangereux auxquels il faut fermer toutes les voies et tout refuser, tant qu'on a quelque moyen d'éluder leurs demandes. Or, en agissant ainsi on viole tous les principes du droit et les *principes mêmes de la matière*. Les fabriques n'ont pas été mises en tutelle pour qu'on les dépouille impunément, mais pour que leurs droits soient mieux assurés. Il est incontestable qu'elles ont ordinairement pour adversaires des hommes peu scrupuleux, dont tout l'espoir se fonde sur les difficultés et les chicanes par lesquelles ils comptent entraver la marche des procès intentés par les fabriciens; et il est certain que ces derniers pèchent d'ordinaire par timidité ou par incurie plutôt que par excès de zèle. « Je suis informé, » disait le ministre des cultes en 1833, qu'en beaucoup d'en- » droits, les fabriciens et les trésoriers des fabriques ou des » séminaires hésitent, par incurie ou par crainte, à faire les » démarches convenables afin d'assurer les intérêts des éta- » blissements dont ils sont mandataires.

» Il est essentiel que ces agents se persuadent bien qu'ils » trahissent leurs devoirs, et qu'ils se mettent dans le cas » d'être rendus personnellement responsables des domma-

(1) Voir les considérants de l'arrêt de Cassation cité plus haut, page 23, note 1.

» ges qui résulteraient de la négligence ou de l'impéritie
» avec laquelle ils s'acquittent des obligations qui leur sont
» imposées par les fonctions dont ils se trouvent inves-
» tis (1). »

L'hésitation, la timidité, l'incurie que le ministre signa-
lait dans beaucoup d'endroits existent presque partout, et
se sont tournées en habitude. Traitez les fabriciens avec rigueur, inspirez-leur la conviction que leurs griefs seront
examinés avec peu de bienveillance, et vous verrez comment
ils s'acquitteront de leurs devoirs.

Résumons la doctrine que nous venons d'exposer : les actions possessoires peuvent être intentées et *suivies* par les fabriques sans autorisation préalable ; les actions non possessoires mais urgentes peuvent être intentées sans autorisation, à
titre d'actes conservatoires, sauf aux fabriques à solliciter,
s'il y a lieu, l'autorisation pour suivre l'instance déjà commencée. Ce cas se présentera lorsqu'une fabrique ayant été
mise à l'abri de la déchéance par la citation qu'elle a donnée,
et la nature de l'affaire exigeant l'autorisation, la marche du
procès ne sera pas assez rapide pour qu'on ne puisse pas
solliciter et attendre la décision du Conseil de préfecture. Il
en est ainsi pour les communes et la raison de décider est la
même pour les fabriques.

« D'après la 2e disposition de l'art. 55 (loi du 18 juillet
1837), le maire peut encore former sans autorisation, et à
titre d'acte conservatoire, toute demande, soit personnelle,
soit réelle, comme interrompre une prescription, interjeter
un appel et former un pourvoi en cassation, s'il y a urgence,
sauf à surseoir aux poursuites judiciaires jusqu'au moment
où l'autorisation aura été accordée. (V. MM. Serrigny, Fou-

(1) Circulaire du ministre de l'intérieur et des cultes relative aux servitudes actives et passives des immeubles appartenant aux établissements ecclésiastiques, 21 décembre 1833.

cart et Reverchon). Nous disons que les poursuites ne pourront être suivies qu'après que l'autorisation aura été obtenue; car il ne doit pas être permis à une commune de suivre un mauvais procès, uniquement parce qu'il a été commencé la veille de la prescription accomplie ou de la déchéance du délai d'appel. » (DALLOZ, V° *Communes*, n° 1611).

Nous avons parlé des actions possessoires. Pour achever d'éclaircir cette matière autant que notre dessein l'exige, nous ajouterons ce qui suit :

« Une action possessoire ne change pas de nature quels que soient les moyens invoqués par le défendeur pour la repousser. Ainsi elle reste possessoire bien que le défendeur se prétende propriétaire du terrain, sur lequel ont eu lieu les actes qualifiés trouble, ou qu'il se prétende fondé en titre à exercer de tels actes. Une décision contraire conduirait à rendre nul l'avantage de la possession et à neutraliser les actions possessoires ; il suffirait, pour écarter celles-ci, d'alléguer qu'on est fondé en titre à agir comme on l'a fait. (Cassat. 10 juin 1816 ; 9 février 1820 ; 23 février 1824. — Dalloz, V. *Actions Possessoires*, n° 41.)

Le trouble de droit qui donne lieu à l'action possessoire « est celui qui résulte d'un acte judiciaire ou extrajudiciaire par lequel on conteste à une personne la propriété qu'elle prétend avoir. — Ainsi, par exemple, si, voyant que je veux construire, mon voisin me somme de n'en rien faire, à cause de la servitude *altius non tollendi* qu'il prétend avoir sur mon fonds, cette sommation est un trouble qui m'autorise à agir en complainte contre lui.

» De même, si se regardant comme propriétaire d'une maison que j'ai louée, un tiers signifie à mon locataire de payer dorénavant entre ses mains ; ou si mon locataire lui-même me signifie qu'il vient de découvrir que la maison lui appartient, et qu'en conséquence il ne paiera plus de loyers, il y a, dans ces actes, un trouble de droit évident. Il serait facile de multiplier les exemples. » (Le même, ibid, n°s 82 et 83.)

Une fabrique devrait donc, dans les cas de ce genre, agir au possessoire (et par conséquent sans autorisation préalable) afin d'être maintenue dans sa possession, sauf à ses adversaires à agir au pétitoire pour faire valoir les droits dont ils se prétendent investis.

Enfin, quoique l'exercice de l'action possessoire n'exige point l'autorisation du conseil de préfecture, il doit être précédé d'une délibération du conseil de fabrique. Cette règle se déduit de l'art. 19 (n° 10) de la loi du 18 juillet 1837, d'après lequel le maire ne peut intenter une action judiciaire qu'après y avoir été autorisé par le conseil municipal. « Il n'en est pas ainsi à l'égard des actes conservatoires qui, vu leur caractère d'urgence ne permettent pas d'attendre la réunion et la délibération du conseil municipal. » (Dalloz, V. *Communes,* n° 1614.)

III.

Indépendamment des actions possessoires et des actions qui présentent un caractère d'urgence, y en a-t-il quelques-unes qui, à raison de leur objet, soient affranchies de la formalité de l'autorisation ?

Nous lisons dans l'ouvrage de M. Affre, pag. 377 :

« L'art. 77 du décret du 30 décembre 1809, en réglant que « les marguilliers ne pourraient entreprendre *aucun* » *procès* ni y défendre sans autorisation » ne l'a pas exigée lorsqu'il s'agit de réclamer une chose ou un droit dont la propriété n'est point contestée. Il suit de là que le trésorier, à ce autorisé par le bureau, pourrait, dans les affaires purement personnelles, mobilières et hypothécaires, se pourvoir directement devant les tribunaux ; mais s'il s'élève quelque contestation sur le fond du droit, il doit se pourvoir d'une autorisation spéciale, pour plaider sur la question de propriété. Quand il prévoit une contestation de ce genre, il vaut mieux, à tout événement, et pour prévenir les lenteurs, se

faire autoriser avant d'entamer le procès. Cependant les
fabriques, *plus que d'autres établissements* sont dans le cas
de réclamer des droits dont la propriété n'est point contestée, tels que les prix de location des bancs, droits de tarif, etc.

» Nous avions dit dans les deux premières éditions, que
la fabrique n'avait pas besoin d'autorisation pour réclamer
un objet mobilier de peu de valeur. Il faut ajouter : si la
propriété de la chose n'est pas contestée. C'est dans ce sens
que la Cour de Cassation a décidé (1). »

Écoutons maintenant M. Carré :

« L'art. 77 du décret de décembre 1809 porte : « que les
» marguilliers ne pourront entreprendre aucun procès ni y
» défendre, sans une autorisation du Conseil de Préfecture,

---

(1) « Attendu : 1º que l'arrêté du 7 thermidor an XI, n'exige pas expressément une autorisation pour légitimer dans tous les cas l'exercice
d'une action en justice de la part des marguilliers d'une fabrique, mais
qu'il dispose simplement que les biens des fabriques seront administrés
dans la forme particulière aux biens communaux ; 2º que la loi qui a
réglé la forme d'administration des biens communaux (celle du 14 décembre 1789 constitutive des municipalités) à laquelle se rapporte l'arrêté du 7 thermidor an XI, distingue, aux articles 50, 51, 54 et 56, les
opérations administratives relatives à des objets importants, et qui, à
raison de ce doivent être autorisées par des délibérations approuvées de
l'autorité supérieure, des opérations qui ne concernent que des objets
de peu d'importance, et dont l'administration n'exige pas la même solennité; attendu que dans l'instruction de l'assemblée nationale faisant
partie de cette même loi, il est dit que les officiers municipaux doivent
distinguer avec soin, parmi les fonctions de différentes natures qui leur
sont confiées, celles qui sont vraiment municipales et à l'égard desquelles les membres des municipalités ont le droit propre et personnel
de délibérer et d'agir en tout ce qui les concerne; 3º attendu que dans
l'espèce il ne s'agit ni d'un objet important de l'administration des biens
de la fabrique, ni d'*intenter un procès proprement dit*, mais de réclamer un objet mobilier de peu de valeur appartenant à la fabrique et
dont la propriété ne lui était pas contestée ...., rejette, etc. » (Cour de
Cassation, 21 juin 1808).

» auquel sera adressée la délibération qui devra être prise à
» ce sujet par le conseil et le bureau réunis.

» Ainsi nulle distinction n'est admise, soit entre le cas où
la fabrique est demanderesse et celui où elle est défenderesse, soit relativement à la nature des contestations.

» Cependant il avait été jugé par arrêt de la Cour de Cassation du 21 juin 1808 que l'autorisation n'était pas nécessaire pour réclamer un objet de peu de valeur et dont la
propriété n'était pas contestée à la fabrique. Cette décision,
fondée sur les lois et réglements antérieurs au décret de
1809 (1) ne semblerait pas devoir être suivie sous l'empire
de ce décret qui ne fait aucune distinction.

» Quoi qu'il en soit, on pense en général que, nonobstant
ce décret, la formalité de l'autorisation n'est nécessaire, *en
toute affaire*, que dans le cas de contestation *sur la propriété*, et l'on se fonde sur l'article 78 qui charge le trésorier de faire tous les actes conservatoires pour le maintien
des droits de la fabrique, et les diligences nécessaires pour
le recouvrement de ses revenus.

» Nous pensons également qu'il est permis de ne pas considérer comme donnant naissance à un procès proprement
dit une simple réclamation d'une chose ou d'un droit dont
la propriété n'est pas contestée ; mais nous devons faire re-

---

(1) Cette observation de M. Carré nous paraît manquer d'exactitude
en ce qu'elle donne le même caractère à tous les considérants de l'arrêt
et les rattache tous au même principe. Le premier et le second sont fondés, comme le dit notre auteur, sur les lois et réglements antérieurs au
décret de 1809, c'est-à-dire sur les lois concernant l'administration municipale qui étaient en vigueur à cette époque. Mais le troisième considérant, qui a une importance toute spéciale et peut se soutenir à lui
seul, porte principalement sur l'interprétation du mot *procès*, interprétation admissible après comme avant le décret de 1809, puisque le décret susdit emploie le mot *procès* sans en déterminer le sens. Aussi M.
Carré lui-même adopte-t-il l'interprétation de la Cour de Cassation,
comme si elle n'avait rien perdu de sa valeur, ce qui est très-vrai.

marquer que cette opinion se trouve absolument opposée à ce qui se pratique, à l'égard des communes, qui précisément n'ont pas besoin d'autorisation pour défendre, lorsqu'il ne s'agit que de la propriété, tandis, au contraire, que cette autorisation est expressément exigée pour les actions chirographaires ou hypothécaires, et pour les simples créances (1).

» Il suit de ce qui précède, premièrement, que le trésorier de la fabrique, chargé par l'article 79 du décret du 30 décembre 1809, de faire, sous la condition de donner au bureau connaissance de ces procédures, toutes les diligences qu'exigent les procès qu'il soutient au nom de la fabrique, pourrait, dans les affaires purement personnelles, mobilières et hypothécaires, se pourvoir directement devant les tribunaux.

» Deuxièmement, qu'il est obligé d'arrêter les poursuites, dès que le débiteur élève quelque contestation sur le fond du droit, et d'obtenir du conseil de préfecture une autorisation pour plaider sur la question de propriété, qui est le cas où le défendeur prétendrait ne pas être tenu à faire ou à payer ce que la fabrique lui demande.

» Il faut le dire, ce cas arrivera presque toujours, et mieux vaudrait obtenir l'autorisation à tout événement et avant d'entamer le procès. *Ce qui abonde ne vicie pas* ; loin de là, il est avantageux à toutes les parties qu'une affaire engagée n'éprouve aucun retard dans son instruction. » (*Traité du gouvernement des paroisses*, n° 508 et suivants).

Plusieurs jurisconsultes, entre autres Dalloz, n'admettent point les exceptions dont il s'agit ; ils pensent que la règle contenue dans l'art. 77 du décret de 1809 est absolue, et que l'autorisation est nécessaire pour tous les procès sans dis-

---

(1) M. Carré écrivait avant la loi du 18 juillet 1837. Depuis la publication de cette loi les communes n'ont plus besoin d'autorisation pour les actions judiciaires relatives au recouvrement des recettes municipales, ainsi qu'on le verra ci-après.

tinction. Ils n'allèguent d'ailleurs aucune raison qui explique et justifie une disposition si rigoureuse et si préjudiciable aux intérêts des fabriques. Tel est, à leur avis, le sens littéral de la loi, et ils s'y attachent sans s'occuper des effets qu'il doit produire.

Or il faut remarquer :

1° Qu'on peut invoquer de très-bonnes raisons en faveur des exceptions susdites, tandis qu'aucun motif sérieux ne milite en faveur de l'opinion opposée.

2° Que l'article 78 du décret de 1809, bien loin d'exclure lesdites exceptions, semble plutôt les admettre et devient difficile à expliquer si on lui donne un autre sens.

3° Que ces mêmes exceptions sont constamment admises par une foule de juges de paix du continent, et qu'on ne cite, à l'appui de l'opinion opposée ni arrêts de Cassation, ni arrêts de Cours d'appel, ni même aucun jugement de première instance.

Et d'abord il est évident que l'administration des fabriques serait entravée et quelquefois même totalement paralysée, si l'autorisation de plaider était nécessaire pour tous les cas sans distinction. Ainsi que le fait observer M. Affre, les fabriques peuvent se voir obligées de recourir aux tribunaux pour recouvrer des droits de tarif, le prix de la location des chaises, etc. Quoique ces diverses sommes réunies constituent souvent à elles seules tout le revenu d'une paroisse, elles sont minimes si on les considère séparément et dans chacun des individus qui les doivent. Plus elles se fractionnent, plus on voit augmenter le nombre des débiteurs et par conséquent le nombre des procès qu'il faut entreprendre en cas de refus de paiement. Supposons que les débiteurs s'entendent, et cela peut très-bien arriver, pour ne pas obtempérer aux sommations qu'on leur adresse. Faudra-t-il que pour chaque débiteur et pour chaque somme de quelques francs ou de quelques centimes, la fabrique sollicite une autorisation du conseil de préfecture ? Elle le pourrait sans doute ; mais où trouvera-t-on des fabriciens ayant assez de patience et assez de temps à sacrifier pour pousser ces misérables affaires à travers toutes les phases d'une double instance devant le conseil de préfecture et devant les tribunaux ? A peine un propriétaire personnellement intéressé au recouvrement de ces deniers aurait-il assez de persévérance pour remplir une tâche aussi ingrate. Mais on ne doit pas espérer de la part des fabriciens, nous ne saurions trop le répéter, une activité, une énergie qui égale celle d'un individu administrant ses propres biens. Il faut s'attendre, au contraire, à les voir déserter leur mission, si on multiplie les difficultés sur leur chemin. Pour apprécier sainement les questions que l'on doit résoudre, il faut considérer les hommes et les choses tels qu'ils sont, et non pas tels qu'on les voudrait. D'ailleurs, la nécessité de recourir au conseil de préfecture pour des affaires d'un si mince intérêt n'étant point évidente , on se soumettra d'autant plus difficilement à cette formalité qu'elle paraîtra moins susceptible d'être justifiée ; les fabriques se croiront vexées, contrariées dans l'accomplissement de leurs devoirs, et le dégoût les gagnera.

Certes ce n'est pas ainsi que l'on procède dans les cas analogues qui se présentent relativement à l'Etat ou aux communes. On agit alors sommairement, et sans porter atteinte aux droits des débiteurs on sait très-bien débarrasser l'administration des obstacles qui rendraient trop lent ou trop difficile le recouvrement de ses revenus. Nous nous bornerons à retracer la marche que l'on suit pour les communes, dont l'administration a tant d'analogie avec celle des fabriques. Les unes et les autres sont soumises à la tutelle administrative ; pour les unes comme pour les autres, le principe général, en matière de procès, c'est qu'elles ne peuvent rien faire sans l'autorisation du conseil de préfecture. Deux exceptions à ce principe, relatives aux actions possessoires et aux actions urgentes ou actes conservatoires, ont été établis par la loi communale de 1837 ; nous les avons déjà fait connaître. Voyons maintenant une troisième exception introduite par la même loi en faveur des communes. L'article 63 est ainsi conçu :

« Toutes les recettes municipales pour lesquelles les lois » et réglements n'ont pas prescrit un mode spécial de re- » couvrement, s'effectuent sur des états dressés par le maire. » Ces états sont exécutoires après qu'ils ont été visés par le » sous-préfet.

» Les oppositions, lorsque la matière est de la compétence » des tribunaux ordinaires, sont jugées comme affaires » sommaires, et la commune peut y défendre sans autori- » sation du conseil de préfecture. »

Dalloz dit à ce sujet :

« L'article 63 de la loi nouvelle a introduit une troisième exception au principe de l'autorisation et décidé qu'une commune peut défendre, sans autorisation du conseil de préfecture, aux oppositions formées aux états dressés par le maire et sur lesquels s'effectuent, après visa du sous-préfet, toutes les recettes municipales pour lesquelles les lois et réglements n'ont point prescrit un mode spécial de recouvrement. Voici en quels termes le rapporteur devant la chambre des députés, M. Vivien, indiquait le sens et la portée de cet article : « Il est certain nombre de recettes com- » munales dont le recouvrement éprouve quelques difficul- » tés; ce sont celles qui ne peuvent s'effectuer dans la for- » me rapide et énergique que les lois ont imprimée au » recouvrement des contributions directes, par exemple le » prix d'une vente mobilière, d'une location, l'exécution » d'actes passés par la commune comme propriétaire et qui » n'ont pas l'autorité d'actes administratifs. Dans ces cas la » commune est obligée de former en justice une action qui » entraîne des lenteurs, qui occasionne des frais et qui offre » parfois plus de chances de pertes que de bénéfices. Nous » vous proposons de décider que ces sortes de recettes

» pourront s'effectuer sur des états dressés par le maire, et
» que ces états seront exécutoires en vertu du visa du sous-
» préfet. Le débiteur poursuivi par la commune sera admis
» à former opposition ; les tribunaux prononceront com-
» me en matière sommaire, mais la provision appartien-
» dra à la commune. » (Dalloz, *Répertoire* V. *Communes*,
n° 1615.)

Ainsi lorsqu'une commune doit recouvrer le prix d'objets
mobiliers qu'elle a vendus, ou le prix d'une location, d'un
bail etc., non seulement elle est dispensée de l'autorisation
du conseil de préfecture pour les actions à former en justice, mais elle peut même se dispenser de recourir aux tribunaux, et forcer les débiteurs au paiement en vertu des
états dressés par le maire, sauf aux débiteurs à faire opposition devant les tribunaux s'ils le jugent à propos. Et ces
facilités sont accordées aux communes pour des affaires
beaucoup moins nombreuses et beaucoup plus importantes
que les recouvrements à effectuer par les fabriques pour
droits de tarif, etc.

Pourquoi ne trouve-t-on rien à objecter à ces formes si
expéditives introduites en faveur des communes et pourquoi
veut-on que les procédures deviennent interminables lorsqu'il s'agit des fabriques ? N'est-ce pas que l'on considère
comme chose sérieuse l'administration municipale et le recouvrement des revenus municipaux, tandis qu'on ne se met
nullement en peine de la gestion des fabriciens et des intérêts qui leur sont confiés ? Nos lois veulent pourtant que
les églises ne soient pas sans ressources, qu'elles aient des
revenus, et que cette assignation de revenus ne soit pas rendue illusoire par une accumulation de formalités inutiles qui
réduiraient en fumée tout ce qui doit former le patrimoine
des fabriques.

On dira peut-être : les lois ont suffisamment pourvu aux
intérêts des communes, mais elle n'accordent pas aux fabriques les mêmes facilités.

Comment prouve-t-on que notre législation soit si dure pour les fabriques ?

Le grand, l'unique argument sur lequel on se fonde, c'est que l'art. 77 du décret de 1809, défend aux marguilliers d'entreprendre *aucun procès* sans l'autorisation du Conseil de Préfecture. La loi, dit-on, n'ayant admis aucune distinction, les tribunaux ne peuvent non plus en admettre aucune ; ainsi les fabriciens ne sont jamais dispensés de l'autorisation.

Nous devons avouer que ce raisonnement n'a pour nous que très-peu de valeur ; nous ne comprenons même pas l'importance qu'on y attache.

Ainsi que nous l'avons déjà remarqué, l'art. 77 du décret ne fait qu'établir un principe général, lequel s'applique à tous les établissements soumis à la tutelle administrative.

Le même principe est proclamé dans la loi municipale de 1837 ; il y est même exprimé en termes plus formels que dans le décret de 1809, car tandis que le décret défend aux fabriques d'intenter sans autorisation *aucun procès*, mots assez élastiques et sujets à interprétation, ainsi qu'on le verra plus bas, la loi de 1837 défend aux communes d'introduire sans autorisation une *action en justice*, mots très-précis et qui ne laissent point de place aux commentaires (1).

Or l'adoption de ce principe comme règle générale n'ayant pas empêché les communes d'être dispensées de l'autorisation dans plusieurs cas et à titre d'exception, elle ne peut pas non plus empêcher les fabriques d'obtenir des dispenses analogues. Ces exceptions peuvent être introduites par les lois ; elles pourraient l'être aussi par la jurisprudence dont l'utilité consiste précisément à suppléer aux lacunes, aux obscurités et aux défauts de la loi, laquelle n'est point vio-

---

(1) **Art. 48.** Nulle commune ou section de commune ne peut introduire une action en justice sans être autorisée par le conseil de préfecture.

lée mais affermie par les interprétations qui en se conformant à son esprit semblent s'écarter de la lettre.

Nous croyons avoir déjà démontré qu'en vertu des principes généraux de la matière, la dispense d'autorisation pour les actions possessoires et pour les actions urgentes existe pour les fabriques par cela seul qu'elle est accordée aux communes. Voyons maintenant si le décret de 1809 n'admet aucune exception pour les cas dont nous nous occupons actuellement.

L'art. 77 défend aux marguilliers d'intenter aucun *procès* sans autorisation.

D'après l'arrêt de la Cour de Cassation du 21 juin 1808, que nous avons rapporté plus haut, page 23, il n'y a pas de *procès proprement dit* lorsqu'une fabrique réclame un objet mobilier, de peu de valeur, et dont la propriété n'est point contestée.

On prétend que cette doctrine n'est plus soutenable, depuis la publication du décret du 30 décembre 1809, lequel, en exigeant l'autorisation, ne fait point de distinction entre les divers genres de procès.

Si le décret de 1809, relativement au point qui nous occupe, était opposé à l'arrêt de cassation de 1808, ce serait sans doute le décret qu'il faudrait suivre, puisqu'il est postérieur en date. Mais que dit le décret? Que les fabriques ne pourront entreprendre *aucun procès* sans autorisation. Et la cour de cassation que disait-elle en 1808? Repoussait-elle le principe consacré plus tard par le décret? Nullement. Elle l'admettait, au contraire. Seulement, en expliquant le sens du mot *procès*, elle déclarait qu'il n'y a point de *procès proprement dit* lorsqu'une fabrique réclame etc.

Or cette explication n'est ni admise ni rejetée par le décret de 1809, lequel se sert du mot *procès* sans indiquer le sens précis qu'il faut y attacher. Il y a donc toujours place pour les commentaires, et si celui de la cour de cassation de 1808 est juste et raisonnable, il n'a rien perdu de sa valeur, le décret de 1809 ayant laissé les choses, sous ce rapport, en l'état où elles se trouvaient précédemment.

Il faudrait donc entendre par *procès* une contestation sérieuse, dans laquelle on opposerait à la fabrique des raisons ayant quelque apparence de fondement et sur l'issue de laquelle on pourrait concevoir quelques doutes. Rien de plus raisonnable, en pareil cas, que d'exiger l'examen préalable de l'affaire par le conseil de préfecture.

Mais on ne regarderait point comme un *procès* une action judiciaire intentée par la fabrique contre des débiteurs dont la dette est certaine et qui n'attendent, pour s'exécuter, que d'y être contraints par les tribunaux. Il n'y a point, dans ce cas, de contestation sérieuse, il n'y a point de *procès,* mais seulement une résistance coupable qui exige l'intervention de l'autorité judiciaire.

Et lorsque nous parlons d'objets ou de sommes dont la propriété *n'est point contestée,* nous ne voulons pas dire que cette hypothèse se réalise alors seulement que le débiteur ne dénie point sa dette, en sorte que la moindre dénégation suffise pour donner à l'affaire le caractère d'un véritable procès et rendre indispensable l'autorisation du Conseil de Préfecture. S'il en était ainsi, le principe posé dans l'arrêt de la Cour de Cassation ne serait jamais ou presque jamais appliqué, et on annulerait dans la pratique la règle qu'on admettrait en théorie. Quel est en effet le débiteur assigné devant les tribunaux et persistant dans son refus de payer, qui ne conteste le droit de son créancier? M. Carré a eu raison de dire que la contestation existera presque toujours. Aussi nous semble-t-il avoir poussé beaucoup trop loin ses concessions, en déclarant que l'autorisation de plaider sera nécessaire toutes les fois qu'on contestera le droit de la fabrique. Nous ne partageons nullement son opinion. Le vœu de la loi est que les fabriques ne s'engagent point sans autorisation dans un procès véritable et sur l'issue duquel on puisse raisonnablement concevoir quelque inquiétude. Mais lorsque l'individu actionné par une fabrique n'a point de raisons à donner, ou qu'il en donne d'évidemment fausses et mauvaises, ce qui revient absolument au même, il n'y a réellement ni contestation, ni procès, mais seulement de la part du débiteur une mauvaise volonté qui exige l'emploi des moyens coërcitifs, et à laquelle on ne saurait accorder, en bonne justice, aucune protection, ni directe, ni indirecte.

Supposons, par exemple, comme cela est arrivé dans une affaire assez récente, qu'un fermier de l'église, assigné en paiement du prix du bail, refuse de payer, en se disant propriétaire de l'immeuble qu'il détient au nom de la fabrique. Sommé de justifier son prétendu droit de propriété, il dit avoir acquis l'immeuble par vente, échange, succession ou prescription, c'est-à-dire d'une façon quelconque, et cela sans apporter la moindre preuve ni de la vente, ni de l'échange, ni de la succession, ni de la prescription. On lui prouve en outre, au moyen d'une enquête, qu'il a reçu l'immeuble à titre de bail; bien plus, on lui présente des documents émanés de lui-même et constatant qu'il a payé le prix du bail pendant une longue suite d'années. Est-ce que les allégations d'un individu qui bat ainsi la campagne et parle pour ne rien dire, donnent à la cause le caractère d'une véritable contestation et d'un procès proprement dit? Est-ce que la fabrique n'aurait pas eu le droit de poursuivre un pareil débiteur quand même elle n'aurait pas été autorisée par le conseil de préfecture?

Le caractère d'une cause ne dépend point des allégations des parties, mais de la nature des faits soumis à l'appréciation des juges.

Il faut donc entendre l'arrêt de la Cour de Cassation en ce sens qu'il n'y a point de *procès proprement dit* lorsque le droit de la fabrique n'est pas sérieusement contesté. Les mauvaises chicanes et les mensonges manifestes n'obscur-

cissent point la vérité, ils ne rendent point la question douteuse et ne méritent point de considération.

Nous venons de voir que dans l'article 77 du décret de 1809,
la défense d'intenter des *procès* sans autorisation n'a point
toute la portée qu'on lui prête. Mais, quelque sens qu'on lui
donne, il reste à savoir si elle n'admet point quelques exceptions exprimées et sanctionnées par les articles dont elle
est suivie. Voyons donc les articles 78 et 79 :

78. « *Toutefois* le trésorier sera tenu de faire tous actes
» conservatoires pour le maintien des droits de la fabrique
» et toutes diligences pour le recouvrement de ses revenus. »

79. « Les procès seront soutenus au nom de la fabrique
» et les diligences faites à la requête du trésorier qui don-
» nera connaissance de ces procédures au bureau. »

Remarquons ici :

1° Qu'il s'agit dans cet article 78 d'actes conservatoires et
de diligences à faire sans autorisation. Le mot *toutefois* placé en tête de l'article nous dit assez que par opposition ou
exception à la règle contenue dans l'article précédent, le législateur n'exige plus l'autorisation du Conseil de Préfecture.

2° Que le trésorier est chargé de faire *tous actes conservatoires* pour le maintien des droits de la fabrique, sans aucune distinction entre ceux de ces actes qui s'accomplissent
extrajudiciairement et ceux qui exigent une action judiciaire.

3° Que les *diligences* dont il est question dans les articles
78 et 79 ne sont pas de simples invitations, mais des *procédures* que le trésorier doit faire sauf à en donner connaissance au bureau des marguilliers.

Il semble donc naturel de penser que les articles 78 et 79
sont des restrictions ou exceptions apportées au principe
posé dans l'article 77, exceptions que le législateur a reconnues indispensables pour ne pas compromettre et sacrifier les
droits des fabriques, en poussant trop loin l'application d'une
règle introduite uniquement dans leur intérêt. Ainsi le trésorier peut faire, sans autorisation préalable, tous les actes

conservatoires, y compris ceux qui doivent être faits judiciairement pour prévenir les déchéances; il peut également, sans autorisation, former des poursuites devant les tribunaux afin de recouvrer les revenus de la fabrique, lorsque le droit de cette dernière est évident pour tous ceux qui n'ont point d'intérêt à le contester.

Cette interprétation est en parfaite harmonie avec la loi communale de 1837 qui donne au maire la faculté de faire sans autorisation tous les actes conservatoires et interruptifs des déchéances; elle s'accorde aussi avec les dispositions de la même loi qui dispensent les communes de l'autorisation préalable pour les contestations judiciaires relatives au recouvrement des revenus municipaux. (Voir plus haut, page 34.). Ce recouvrement ne peut pas se faire pour les fabriques dans les formes très-expéditives que la loi de 1837 a établies en faveur des communes; mais la dispense de l'autorisation pour plaider dans des cas semblables est une mesure dont la nécessité se fait sentir pour les fabriques non moins que pour les communes. Du reste, elle est, indépendamment de toute comparaison, assez visible par elle-même pour que le législateur de 1809 ait voulu y pourvoir par les articles 78 et 79 du décret.

Quel serait le sens de ces articles s'ils n'accordaient au trésorier aucune latitude pour les actions judiciaires? En quoi consisterait leur opposition avec l'article 77, opposition indiquée par la rédaction de l'art. 78? Comment s'effectueraient les actes conservatoires qu'on ne saurait accomplir sans une action introduite en justice? A quoi se réduiraient les *diligences* et les *procédures* à faire par le trésorier, sans autorisation, pour le recouvrement des revenus? Quelle serait la durée de ce recouvrement et quelle assurance aurions-nous qu'une église paroissiale ne se verra pas privée de toutes ou presque toutes ses ressources pendant des années entières?

C'est donc avec raison que selon la remarque de M. Carré,

« on pense en général que.... la formalité de l'autorisation
» n'est nécessaire, en toute affaire, que dans le cas de con-
» testation sur la propriété; et l'on se fonde sur l'art. 78 qui
» charge le trésorier de faire tous les actes conservatoires
» pour le maintien des droits de la fabrique, et les diligences
» nécessaires pour le recouvrement de ses revenus. »

Non-seulement cette opinion est la plus suivie, mais il
paraît que les tribunaux eux-mêmes s'y conforment dans
leurs jugements. Voici, en effet, ce que nous lisons dans le
Guide des Curés par M. Dieulin, vicaire général de Nancy,
ouvrage publié en 1839 :

« L'autorisation n'est pas nécessaire pour poursuivre les
débiteurs en paiement (art. 78 du décret du 30 décembre
1809), quand il ne s'agit que de poursuites pour des dettes
certaines, évidentes, et surtout non contestées. *Aussi la
pratique de toutes les justices de paix est-elle d'admettre
les fabriques à poursuivre directement pour le recouvrement des droits casuels, des redevances pour locations de
bancs et des rentes fondées sur des titres qui ne sont point
contestés.* Il n'y a pas là, en effet, un procès proprement
dit, parce qu'il n'y a pas contestation sur le fond du droit
ou la question de propriété. » (*Guide des Curés*, tom. 1,
pag. 190, 4ᵉ édition).

Nous avons donc sur ce point une jurisprudence favorable
aux fabriques, et nous ne trouvons nulle part les éléments
d'une jurisprudence en sens opposé. Nous ne disons point
qu'il n'y a pas de jugements où l'on suive le système contraire ; nous disons que nous n'en connaissons aucun, qu'on
n'en cite aucun dans les auteurs que nous avons consultés.

Il est donc permis de soutenir que l'autorisation du Conseil de Préfecture n'est nécessaire aux fabriques ni pour les
actes conservatoires, de quelque nature qu'ils soient, ni pour
les actions judiciaires ayant pour but le recouvrement des
revenus, ni même pour la revendication des objets sur lesquels les fabriques ont des droits évidents et incontestables.

§ **II.**

DIFFICULTÉS RELATIVES A L'ENVOI EN POSSESSION.

Des fabriciens, munis de l'autorisation du conseil de préfecture, réclament la protection des tribunaux contre des entreprises tendant à dépouiller leur église des biens ou des droits qui lui appartenaient sous l'ancien régime et dont elle a toujours conservé la jouissance. On leur dit : le gouvernement vous a-t-il envoyé en possession des biens en litige ? Si cette formalité n'a pas été accomplie, on ne peut pas passer outre et le tribunal n'a rien à examiner.

Malheureusement la jurisprudence actuelle est favorable à ce système. Bien qu'il y ait eu des décisions en sens contraire, l'opinion qui semble avoir prévalu est celle des adversaires des fabriques. Mais la jurisprudence n'est pas invariable de sa nature. Les faits d'un procès exercent toujours une grande influence sur la décision des magistrats, surtout lorsqu'il s'agit de questions qu'il faut résoudre par des décrets ou ordonnances formant une législation spéciale et dépourvue de cette fixité, de cette stabilité qu'on remarque ordinairement dans le droit commun. Il y a certainement des questions qui ayant été d'abord résolues dans un sens, ont fini par recevoir une solution tout opposée. Nous ne doutons point que la jurisprudence relative à l'envoi en possession ne subisse, à son tour, un de ces changements. Elle n'a pour elle aucun principe ni du droit civil, ni du droit public, ni du droit naturel, ni même les dispositions bien entendues de la législation spéciale qu'elle veut appliquer. Erronée en droit, elle n'aboutit, en fait, qu'à multiplier les vols et les rapines.

On nous demandera sans doute si nous avons assez bonne opinion de nous-même pour espérer que nos observations feront changer une jurisprudence adoptée par la Cour

de Cassation et à laquelle les autres tribunaux se conforment, presque sans examen, parce que s'ils voulaient s'en
écarter ils y seraient ramenés par la Cour suprême.

Nous comptons très-peu sur nos lumières et encore moins
sur notre autorité, qui est tout à fait nulle. Mais nous savons
que la vérité ne perd jamais ses droits et qu'elle finit toujours
par triompher si on la met en évidence. Les tribunaux, en
statuant sur la nécessité de l'envoi en possession, n'ont eu
jusqu'ici à s'occuper que de quelques faits isolés et sans gra-
vité, du moins en apparence. Aujourd'hui nous sommes en
présence d'un vaste système de spoliation et de fraude, qui
s'organise à l'abri de la jurisprudence concernant l'envoi en
possession. En outre, un désaccord complet existe entre
l'autorité judiciaire et l'autorité administrative. Ce que la
première exige, la seconde le refuse; et comme on ne peut
se passer ni de l'une ni de l'autre, on ne sait plus à quel
moyen recourir pour introduire une instance. Ainsi les fabriques ont les mains liées et on les dépouille sans obstacle.
Il n'est pas possible qu'on veuille nous laisser dans une situation si extraordinaire, si dangereuse pour l'ordre et pour
la morale publique. Dès qu'on la connaîtra on cherchera le
remède, et on ne le trouvera que dans une meilleure interprétation des lois qui régissent la matière, à moins que le
gouvernement ne tranche toutes les difficultés en indiquant,
d'une façon claire et précise, la marche qu'il faut suivre.

Nous allons passer successivement en revue les diverses
hypothèses dans lesquelles cette question peut se produire.

1er CAS.

*Une église paroissiale plaide pour conserver des biens
qui lui appartenaient sous l'ancien régime et qu'elle a
toujours possédés jusqu'au moment où s'est élevée la contestation.*

Cette église est-elle tenue de se faire envoyer en possession par le Gouvernement avant de se présenter devant les
tribunaux ?

Quel est le but de l'envoi en possession ?

En vertu des lois révolutionnaires l'État s'était emparé de tous les biens ecclésiastiques. En vertu du concordat le Saint-Siége renonça à tous ceux de ces biens qui avaient été *aliénés*. L'Église conservait donc tous ses droits sur les biens ecclésiastiques non aliénés , et quoique la restitution n'en fût pas formellement stipulée dans le concordat , elle en découlait naturellement comme une conséquence des réserves faites par le souverain Pontife.

Aussi le Gouvernement prit-il bientôt des mesures pour que la restitution fût opérée. En vertu du concordat lui-même toutes les églises nécessaires au culte devaient être mises à la disposition des Evêques. L'arrêté du 7 thermidor an XI (26 juillet 1803), dans son article 1er, ordonnait ce qui suit : « Les biens des fabriques non aliénés , ainsi que les » rentes dont elles jouissaient et dont le transfert n'a pas été » fait, sont rendus à leur destination. »

Après une disposition si formelle et si précise, il semblait que les fabriques fussent autorisées à se remettre en possession de leurs anciennes propriétés. Cependant un avis du conseil d'État du 23 décembre 1806 , déclara qu'à l'avenir les fabriques ne devraient se mettre en possession d'aucun objet, qu'en vertu d'arrêtés spéciaux des préfets, rendus par eux après avoir pris l'avis des directeurs des domaines, et revêtus de l'approbation du ministre des finances.

Ces arrêtés préfectoraux sont ce qu'on appelle l'*envoi en possession*.

Nous ne nous arrêterons pas à examiner si une semblable mesure était le moyen le plus propre à sauvegarder les droits des églises en même temps que ceux de l'État. Il est certain qu'en mettant les fabriques à la discrétion du fisc, on les exposait à perdre en grande partie ce qu'elles auraient dû recouvrer. Et en effet, beaucoup de biens ecclésiastiques non aliénés furent vendus postérieurement à l'arrêté du 7 thermidor, au lieu d'être restitués aux fabriques. L'arrêté était ainsi éludé dans son application, mais on ne doit pas s'en étonner. Nous ne dirions rien de nouveau si nous faisions observer que depuis l'époque du concordat, l'influence d'un esprit despotique et tracassier s'est fait sentir au détriment de l'Église, de telle sorte qu'on reprenait d'une main ce qu'on semblait lui accorder de l'autre, en la réduisant toujours à vivre sous le régime du bon plaisir et de l'arbitraire. Par suite de cette lutte entre des principes opposés, la législation et la jurisprudence relatives aux biens des fabriques sont devenues un véritable chaos, un assemblage confus de dispositions discordantes, une espèce de machine composée de pièces mal ajustées, qui fonctionne péniblement et s'arrête quelquefois au moment où son action est le plus nécessaire.

Si nous examinons, selon l'ordre chronologique, les nombreuses décisions rendues sur cette matière, nous verrons que, dans leur ensemble, elles ont suivi une marche progressive dans le sens le plus hostile aux fabriques, en sorte qu'étant d'abord assez faciles à concilier avec les droits des églises, elles ont fini par nier ces droits d'une manière à peu près absolue.

L'avis du Conseil d'État du 25 janvier 1807 était ainsi conçu :

Avis du Conseil d'État du 23 décembre 1806, — 25 janvier 1807, relatif à l'envoi en possession à demander par les fabriques, curés et desservants, des biens restitués auxquels ils croient avoir droit.

« Le Conseil d'État qui, d'après le renvoi ordonné par Sa Majesté, a entendu le rapport de la section des finances sur celui du ministre de ce département relatif à des abus qui se seraient introduits dans plusieurs départements de l'Empire : 1° A l'occasion de la restitution ordonnée par divers arrêtés du gouvernement et décrets impériaux, de biens et rentes non aliénés ayant appartenu aux fabriques ; 2° en ce que des curés et desservants se sont mis en possession des biens provenant originairement des anciennes dotations des cures, en sorte qu'ils cumulent le revenu de ces biens avec le traitement qui leur est accordé par l'État.

» Considérant : 1° que les arrêtés du gouvernement n'ont restitué aux fabriques que leurs biens et revenus non aliénés.

» 2° Que ce n'est que par exception que les curés et desservants de certains lieux ont été autorisés à rester ou à se mettre en possession des objets qui anciennement faisaient partie de la dotation des cures et autres bénéfices.

» 3° Que la proposition du ministre qui a pour objet d'obliger les marguilliers et les curés et desservants à fournir des états détaillés des biens dont ils jouissent, tend à la conservation, non seulement des intérêts du trésor public, mais même de ceux des dites fabriques, curés et desservants.

» 4° Qu'il est également nécessaire de s'occuper du mode à suivre pour les envois en possession qui pourront avoir lieu à l'avenir.

» 5° Que les moyens ordinaires d'administration sont suffisants pour remplir les vues du ministre :

» Est d'avis : 1° Que les préfets doivent être chargés de remettre au ministre des finances des états détaillés des biens et revenus dont les fabriques, ainsi que les curés et desservants jouissent, à quel titre que ce soit, et d'y joindre leurs observations.

» 2° Que soit les fabriques, soit les curés et desservants qui par exception, sont autorisés à posséder des immeubles, NE DOIVENT SE METTRE EN POSSESSION A L'AVENIR d'aucun objet, qu'en vertu d'arrêtés spéciaux des préfets, rendus par eux, après avoir pris l'avis des directeurs des domaines, et après qu'ils auront été revêtus de l'approbation du ministre des finances.

» 3° Qu'un double desdits états et arrêtés doit être envoyé par les préfets au ministère des cultes.

» Approuvé au camp principal de Varsovie le 25 janvier 1807.

» Napoléon. »

Nous appelons toute l'attention du lecteur sur le document que nous venons de transcrire. En approuvant cet
avis, l'Empereur réglait lui-même l'exécution de l'arrêté
qu'il avait pris le 7 thermidor an XI (26 juillet 1803), pour
la restitution des biens ecclésiastiques. Il ne venait pas,
après trois ans et demi d'intervalle, révoquer cette grande
mesure. Il avait dit dans l'arrêté du 7 thermidor, art. 1er :
« Les biens des fabriques non aliénés, ainsi que les reve-
» nus des rentes dont elles jouissaient, et dont le trans-
» fert n'a pas été fait, SONT RENDUS à leur destination. »
L'avis du Conseil d'État ne déroge point à cette disposition. Il ne transforme point la restitution si formellement ordonnée, en une restitution facultative et dépen-
dante du bon plaisir de l'administration financière. Il veut
seulement prévenir le retour des *abus qui se seraient introduits dans plusieurs départements de l'empire à l'occasion de la* RESTITUTION ORDONNÉE *par divers arrêtés du
gouvernement et décrets impériaux, de biens et rentes non
aliénés, ayant appartenu aux fabriques, etc.* Le principe de
la restitution aux fabriques est de nouveau proclamé. Il s'a-
git seulement d'en régler l'application. Dans ce but, le législateur ordonne qu'*à l'avenir* les fabriques *ne se mettent pas
en possession* sans autorisation préalable, des biens qu'elles
croient pouvoir revendiquer ; qu'elles ne se fassent pas justice à elles-mêmes, mais qu'elles attendent l'arrêté du préfet. Cette précaution fut jugée nécessaire, comme on l'a dit
dans plusieurs arrêts ou jugements, pour empêcher que les
fabriques ne missent la main sur des propriétés purement
domaniales, ou sur des propriétés ecclésiastiques définitivement aliénées par l'État, ou sur des propriétés ayant appartenu à des églises supprimées et qui auraient pu devenir un

objet de contestation entre plusieurs paroisses dont chacune aurait voulu s'en attribuer la jouissance. A ce point de vue, l'intervention du gouvernement au moyen de l'envoi en possession était justifiée ; elle prenait le caractère d'une mesure d'ordre et de police pour les rentrées en possession qui auraient lieu *à l'avenir ;* elle n'avait point d'effet rétroactif et ne portait aucun préjudice aux actes déjà consommés. Telle était la situation au commencement de l'année 1807. Depuis lors, et à force d'interpréter contre les fabriques tous les arrêtés, décisions et circulaires, on en est venu à établir en principe que la possession recouvrée ou conservée par les fabriques avant le dit avis du conseil d'État, et continuée sans interruption jusqu'à nos jours, doit être considérée comme non avenue et ne dispense point de la formalité de l'envoi en possession ; de sorte qu'une église plaidant pour la conservation des propriétés dont elle a la jouissance, est assimilée à une église qui voudrait recouvrer des biens actuellement détenus par l'État ou par des tiers ; la possession qu'elle a conservée est un fait dont on ne tient aucun compte et qu'elle doit oublier elle-même, en se résignant à suivre la même marche que si elle devait arracher des mains d'autrui ce qui est dans ses propres mains, ce qu'elle veut seulement mettre à l'abri d'une injuste agression.

Parmi toutes les fictions légales qu'on a jamais pu imaginer, il en est peu qui soient aussi fécondes que celle-ci en conséquences déplorables et vraiment monstrueuses. A qui profite-t-elle? A l'État? Nullement; car l'État ne réclame point et ne peut pas réclamer les biens en litige. Qu'il ne les réclame point, c'est un fait universel et notoire, car jamais, dans une affaire de ce genre, l'administration des domaines ne s'est présentée pour se faire adjuger les biens que la fabrique voulait défendre contre les entreprises des tiers; qu'il ne puisse pas les réclamer, cela n'est pas moins évident, en présence de l'avis du Conseil d'État du 25 janvier 1807, qui ratifie implicitement les rentrées en possession

4

déjà effectuées au profit des fabriques et se borne à tracer des règles pour celles qui auront lieu *à l'avenir*. En vertu de cette disposition, l'État renonce à inquiéter les fabriques déjà rentrées en possession de leurs biens, et à plus forte raison les fabriques à qui la possession n'avait jamais été enlevée. Pour constater de plus en plus cette renonciation, une circulaire de l'administration des domaines du 27 juillet 1808 déclare expressément : « Si les fabriques sont rentrées » en possession avant le 6 juin 1806, soit en vertu d'arrêtés » spéciaux, *soit même sans arrêtés*, il n'y a pas lieu à re-» venir sur ces rentrées en possession. » En outre, il est incontestable qu'à l'époque où nous sommes, près de 70 ans s'étant écoulés depuis la confiscation des biens ecclésiasti-ques, les églises qui ont conservé leurs anciennes proprié-tés auraient le droit d'invoquer la prescription contre l'État s'il voulait les dépouiller en vertu des lois révolutionnaires qui lui donnaient cette faculté. Ainsi, pour plusieurs motifs, l'État n'a rien à prétendre, et en effet il ne réclame rien. Le fisc, ordinairement si tenace, se déclare désintéressé. On a beau lui dire que les biens en litige lui appartiennent et qu'on ne peut les adjuger à personne s'il ne commence par s'en dessaisir ; il répond : vous vous trompez ; ces biens ne m'appartiennent plus ; j'y ai renoncé, et par conséquent je ne puis pas en disposer par l'envoi en possession qu'on me demande ; cette affaire ne me regarde point et je ne veux pas m'en mêler. Tel est le langage que tient officiellement l'administration des domaines.

Si la fiction légale que nous combattons ne profite pas à l'État, profitera-t-elle à ses ayant-cause ? Point du tout. Il n'existe, en effet, dans notre hypothèse, aucun individu qui en élevant des prétentions contre la fabrique se présente comme ayant été investi à un titre quelconque des droits de l'État. La fabrique n'a point de compétiteurs auxquels il faille enlever des biens dont ils jouiraient comme acqué-reurs réels ou prétendus de domaines nationaux. Il s'agit, remarquons-le bien, de propriétés toujours possédées par la fabrique et convoitées par des voleurs, lesquels n'ont absolument aucune raison à faire valoir ni rien à dire devant les tribunaux, si ce n'est qu'ils ne sont pas obligés d'expliquer à quel titre ils veulent s'emparer des biens pour lesquels on plaide. Leur unique chance de succès, c'est que la fabrique ne sera pas admise à se défendre. S'ils s'attendaient à voir discuter le fond de la cause, ils se désisteraient immédiatement.

C'est donc aux voleurs, et à eux seuls que profitera la fiction, car elle leur aplanit parfaitement les voies; autant elle est dure et impitoyable pour les fabriques, autant elle est indulgente pour ceux qui les dépouillent. Pourquoi n'est-elle pas conséquente avec elle-même en maintenant envers et contre tous les droits prétendus de l'État? Si malgré la possession exercée par les fabriques, les biens en litige appartiennent toujours à l'État à moins qu'il ne s'en dessaisisse, à plus forte raison n'appartiennent-ils pas au premier occupant à moins que l'État ne le veuille ainsi. Et si les fabriques, armées de l'arrêté du 7 thermidor, sont repoussées comme n'étant pas encore propriétaires tant qu'elles ne sont pas envoyées en possession, à plus forte raison devrait-on écarter les hommes impudents qui n'ont pour eux ni le concordat, ni l'arrêté du 7 thermidor, ni un envoi en possession, ni un titre quelconque d'où l'on puisse conclure qu'ils ont quelque espèce de droit sur les biens contestés, et que l'État les leur abandonne.

C'est à eux néanmoins qu'on donne gain de cause en déclarant que la fabrique n'a point qualité pour intenter un procès. Ce n'est pas qu'on veuille les favoriser, mais le résultat est tout à leur avantage. Dans le système que nous venons d'exposer, on est content et on croit avoir sauvé les principes, pourvu que les biens ne soient pas adjugés aux fabriques. Du reste on n'examine pas en quelles mains ils tomberont.

Cependant on ne peut pas faire abstraction des conséquences qu'entraînera la décision des magistrats. Les jugements ne se rendent pas dans l'intérêt de quelques formules abstraites auxquelles il faille tout sacrifier, mais dans l'intérêt de la justice. Le triomphe du bon droit et de l'équité est le but de toutes les lois comme de toutes les procédures. S'il arrive donc qu'un de ces systèmes entre lesquels se partagent les jurisconsultes n'aboutisse, en dernière analyse, qu'à protéger le brigandage, on est par cela même averti qu'il faut discuter la question avec un soin extrême et examiner si les termes de la loi sont tellement précis, tellement impératifs, qu'on n'ait aucun moyen de réprimer le vol et la fraude.

Or nous ne sommes nullement dans ce cas. Aucune loi, aucun décret n'enlève expressément aux fabriques le droit de défendre, contre les agressions des tiers, les propriétés qu'elles ont toujours conservées et pour lesquelles elles n'ont pas obtenu du gouvernement un envoi en possession. Cette disposition exorbitante qui serait en contradiction avec tous les principes du droit naturel et du droit civil, ne se rencontre nulle part dans l'immense recueil de lois, décrets et ordonnances que nous ont légué les divers régimes auxquels la France a été assujettie depuis 70 ans. On ne parvient à l'établir que par des raisonnements et des déductions où l'esprit s'exerce avec une grande latitude et en négligeant toutes les règles qui servent ordinairement à l'interprétation des lois.

La formalité de l'envoi en possession a été prescrite par l'avis du Conseil d'État du 25 janvier 1807 qui est la pierre angulaire de tout cet édifice. Nous l'avons rapporté en entier. Quel est son sens littéral? Condamne-t-il les fabriques demeurées en possession de leurs biens? Tant s'en faut qu'il présente ce caractère, que l'administration des domaines, dépositaire et gardienne des droits de l'État, le cite comme étant d'une autorité décisive en faveur des fabriques. Qu'exigerait-on de plus, et quelle est la cause qu'on ne regarderait pas comme terminée, si, de l'aveu de toutes les parties intéressées, la loi donnait à l'une d'elles tout ce qu'elle demande?

La lettre de la loi ne nous étant pas contraire, l'esprit qui l'a dictée le sera-t-il davantage? On a déjà vu à quelle occasion l'avis a été publié. On sait ce que voulait le législateur : rendre aux églises leurs propriétés non aliénées, mais éviter, dans cette opération, la confusion et le désordre. Ses vues n'allaient pas plus loin. Il ne se considérait point comme maître des biens ecclésiastiques; il ne se réservait point la faculté de les rendre ou de les garder à son gré. L'avis du Conseil d'État ne contient pas un mot qui indique de pareilles prétentions. Encore moins y trouvera-t-on le germe du système d'après lequel les biens possédés par les églises sans la formalité de l'envoi en possession doivent être abandonnés au pillage, sous les yeux de l'administration des domaines qui ne veut point les réclamer au nom de l'État, et des fabriques à qui on refuse le droit de les conserver. Telles n'étaient pas, bien certainement, les vues du législateur de 1807. Son but était le rétablissement du culte, l'accomplissement des mesures réparatrices que le concordat entraînait naturellement à sa suite. Au moment où l'État se privait lui-même des biens ecclésiastiques dont il s'était emparé, et cela dans le seul but de les rendre à leur ancienne destination, on ne saurait raisonnablement supposer qu'il entendait les livrer, au moins dans quelques hypothèses, à la rapacité du premier venu, de telle sorte que tout le monde eût la faculté de s'en rendre maître, hormis les églises à qui ils étaient destinés.

Quelles que soient la marche prescrite pour la restitution des biens ecclésiastiques et les restrictions plus ou moins tardives apportées à ce grand acte de justice et de religion, on sera forcé de convenir que toutes ces règles, n'étant que des appendices de l'arrêté du 7 thermidor an XI, par lequel la restitution des biens d'église est ordonnée, ne peuvent pas placer les fabriques dans une situation plus défavorable que celle où elles se trouvaient avant le 7 thermidor.

Or que serait-il arrivé si dans l'intervalle qui s'écoula entre le rétablissement des fabriques en vertu de la loi de germinal an X, et l'arrêté du 7 thermidor an XI, la fabrique d'une église ayant encore tous ses biens, avait voulu les défendre contre des usurpateurs? Bien certainement, on n'aurait pas exigé d'elle qu'elle se fît envoyer en possession par le Gouvernement, car l'avis du Conseil d'État de 1807 et l'arrêté du 7 thermidor au XI auquel il se rapporte n'existaient pas encore; cette formalité n'était encore ni prescrite ni connue, et ne pouvait pas l'être. Quelle fin de non recevoir aurait-on opposée à la fabrique? Lui aurait-on objecté d'une manière générale les droits de l'État? Voici quelle eût été sa réponse :

L'État n'est pas en cause. S'il se présente pour revendiquer ces biens, on statuera sur sa demande, mais dans ce moment il n'est pas question de lui. Il s'agit uniquement de savoir si moi qui possède je dois être impunément dépouillée par des individus n'ayant ni possession ni titre. C'est entre eux et moi que le débat est engagé; une décision rendue contre moi, quelle que soit la forme qu'on lui donne, n'aurait d'effets qu'en leur faveur. L'État n'y gagnerait absolument rien; soit que je succombe, soit que je triomphe, il n'aura pas les biens en litige s'il ne les demande pas; et s'il les réclame, la décision rendue dans l'affaire actuelle où il n'est pas partie, ne l'empêchera pas de faire valoir ses prétentions. Qu'on le laisse donc en dehors du procès. Au nom de la justice, telle qu'on la connaît chez tous les peuples civilisés, je demande à être maintenue dans ma jouissance, sauf à mes adversaires à produire leurs titres s'ils en ont.

Ce raisonnement eût été sans réplique, à ce qu'il nous semble. Or il conserve aujourd'hui même toute sa force. Les églises qui étant toujours demeurées en possession de leurs biens, auraient eu le droit de les défendre antérieurement à

l'arrêté du 7 thermidor, n'ont pas perdu ce droit depuis que
le dit arrêté est venu régulariser et améliorer leur position.
Et comment l'auraient-elles perdu ? Comment des mesures
destinées à leur faire recouvrer les biens dont on les avait
dépouillées, auraient-elles pour effet de leur enlever, au profit des voleurs, les biens dont elles avaient conservé la jouissance ?

Il est donc vrai que l'avis du Conseil d'État du 25 janvier
1807 ne condamne et n'annulle point la possession de fait
conservée par les églises. Ni la lettre ni l'esprit de cette décision ne repoussent l'opinion émise par les défenseurs des
fabriques. Ils lui sont, au contraire, éminemment favorables.

Y a-t-il d'autres lois dont on puisse se prévaloir contre
nous ?

On a cité les articles 75 et 76 de la loi du 18 germinal an
X, l'art. 36 du décret du 30 décembre 1809, les articles 1 et
2 de l'ordonnance du 28 mars 1820, et enfin, la loi du 13
brumaire an 2. —

Si nous examinons attentivement ces lois et décrets, voici
ce que nous trouvons :

La loi du 18 germinal an X, (articles organiques), se borne à décréter, dans ses articles 75 et 76, que les anciens
édifices destinés au culte catholique, à raison d'un édifice
par cure ou succursale, seront mis à la disposition de l'Évêque, et qu'il sera établi des fabriques. Ce n'était que le commencement des restitutions ordonnées et effectuées plus
tard sur une plus grande échelle. La loi du 18 germinal, an-
térieure à l'arrêté du 7 thermidor an XI, ne peut pas servir
de règle pour l'interprétation et l'exécution du dit arrêté.

Le décret du 30 décembre 1809, dans son article 36, n'a
point pour but de tracer des règles pour la restitution des
biens d'église ; il s'occupe des revenus des fabriques et fait
l'énumération des diverses catégories de biens d'où ils sont
tirés. Il met en première ligne les biens déjà *restitués;* il
n'examine point de quelle manière ces restitutions se sont

accomplies ; il ne dit point qu'elles seront valables s'il y a eu un envoi en possession , et nulles dans le cas contraire. Que l'État ait restitué par une concession expresse ou par un abandon tacite, c'est ce que le décret ne recherche point. Il nous laisse toute liberté de croire que par biens *restitués* il entend tous les biens qui étant compris dans la restitution ordonnée par l'arrêté du 7 thermidor, se trouvaient déjà dans les mains des fabriques au 30 décembre 1809 , quelle que fût la manière dont elles en avaient recouvré ou conservé la possession.

Un autre paragraphe du même article , attribue aux fabriques les biens célés au domaine dont elles ont été ou seront autorisées à *se mettre* en possession.

Quels sont ces biens? Est-il nécessaire, pour expliquer cette disposition, de supposer que le législateur veut parler ici de tous les biens célés au domaine , même de ceux qui sont déjà possédés par les fabriques ? Nous ne le pensons pas. Il nous paraît même certain qu'il s'agit ici uniquement des biens illégalement possédés par des tiers et qui peuvent être révélés au profit des fabriques.

On conçoit, dans ce cas , la nécessité d'une autorisation préalable (1). Il s'agit en effet d'une revendication à exercer

(1) Nous raisonnons ici dans la supposition qu'il s'agit de biens ecclésiastiques n'ayant pas appartenu jadis à la fabrique qui les révèle et les demande pour elle. Cette église n'a évidemment aucun droit sur les biens susdits; elle ne peut en devenir propriétaire que comme cessionnaire des droits de l'État. Il en serait autrement si la même église réclamait des biens lui ayant appartenu avant la révolution, et détenus par des tiers qui ne les ayant pas reçus des mains de l'État, ne les ont pas possédés de manière à pouvoir prescrire. Un arrêt de la Cour de Montpellier du 8 janvier 1834 a jugé que dans ce cas l'envoi en possession n'est pas nécessaire. Cette jurisprudence n'a pas prévalu, mais elle nous paraît conforme aux vrais principes. La confiscation des biens d'église n'a été décrétée qu'au profit de l'État. L'intérêt fiscal de l'État est le seul obstacle qui empêche l'exercice des droits des fabriques.

par les fabriques, en qualité de cessionnaires des droits de l'État, contre des individus qui retiennent indûment des biens ecclésiastiques échappés aux confiscations révolutionnaires. Le décret de 1809 veut donc que l'État commence par transporter ses droits aux fabriques au moyen de l'autorisation, et que les fabriques ne *se mettent en possession* qu'après l'accomplissement de cette formalité. Évidemment, il est question ici d'une possession de fait que les fabriques doivent recouvrer ou acquérir. Mais par cela même, cette partie de l'art. 36 du décret de 1809 ne regarde point les fabriques à qui la possession de fait est déjà acquise.

Supposons néanmoins qu'une autorisation du gouvernement soit nécessaire pour les confirmer dans leur jouissance. S'ensuit-il de là que si elles ne sont pas encore autorisées, on ne doit tenir aucun compte de la possession de fait qu'elles exercent? Tout au plus pourrait-on soutenir que c'est une possession précaire, et qu'il dépend du Gouvernement de la faire cesser quand il voudra. Mais que les biens ainsi possédés par les fabriques soient réputés vacants et livrés au premier venu, le législateur l'a-t-il voulu et a-t-il pu le vouloir? Une preuve évidente que cette déchéance des fabriques n'a pas été dans ses intentions, c'est qu'il n'en a pas déterminé les effets. S'il l'avait prévue, il aurait adjugé à l'État les biens ainsi enlevés aux églises; il ne les aurait pas abandonnés au premier occupant. Mais il ne s'est pas inquiété de l'usage qu'on devait en faire, parce qu'il ne songeait pas à les retirer des mains des fabriques, et qu'il ne pouvait pas y songer en publiant le décret du 30 décembre 1809, décret qui n'était pas destiné à frapper les fabriques de confiscations nouvelles, mais à reconstituer leur patrimoine et à consolider leur existence.

Lorsque cet intérêt n'est pas en jeu, les choses reprennent leur cours naturel, et les fabriques, réhabilitées par l'arrêté du 7 thermidor, rentrent dans leurs droits.

Venons à l'ordonnance du 28 mars 1820. Elle est relative aux succursales et aux chapelles vicariales érigées depuis la circonscription générale des paroisses du royaume, approuvée le 28 août 1808, ou qui le seraient à l'avenir.

Le but du législateur est, comme il est dit dans le préambule, « de concilier, autant que possible, l'intérêt que lui
» inspirent les efforts et les sacrifices des communes réu-
» nies pour obtenir l'exercice de la religion, et celui que
» méritent les églises reconnues comme paroisses par la
» circonscription ecclésiastique, ainsi que les droits concé-
» dés à ces églises par l'arrêté du 7 thermidor an XI, et les
» décrets des 30 mai et 31 juillet 1806. »

L'art. 1 de l'ordonnance autorise les fabriques des succursales nouvellement érigées ou à ériger dans la suite, *à se faire remettre en possession* des biens ou rentes qui leur avaient jadis appartenu et dont l'État n'a pas encore disposé en vertu de l'arrêté du 7 thermidor an XI et des décrets des 30 mai et 31 juillet 1806, c'est-à-dire, des biens ou rentes dont l'État n'a pas encore fait la remise à d'autres églises érigées en vertu de la première circonscription ecclésiastique.

L'art. 2 accorde la même autorisation aux fabriques des chapelles établies conformément au décret du 30 septembre 1807 ; mais comme les chapelles n'ont que l'usufruit des biens dont elles jouissent, l'ordonnance veut que la fabrique usufruitière donne avis à la fabrique de la cure ou succursale, des biens *dont elle se serait mise ou poursuivrait l'entrée en jouissance*, afin que la fabrique de la cure ou succursale *se fasse envoyer régulièrement en possession de la nue propriété*.

Quant aux biens ou rentes déjà cédés par l'État à ces églises plus anciennes, l'article 3 prescrit la marche à suivre pour les distractions qui devront faire passer, du patrimoine des églises susdites dans celui des églises nouvellement érigées, les biens ou rentes ayant jadis appartenu à ces dernières.

Voilà toute l'ordonnance du 28 mars 1820. Il y est sans doute question de l'envoi en possession, mais elle ne contient pas un mot d'où l'on puisse inférer qu'avant l'accomplissement de cette formalité, la possession de fait appartenant aux fabriques ne doit produire aucun effet à l'égard des tiers. Peut-être même l'article 2 nous autoriserait-il à soutenir que d'après cette ordonnance une fabrique peut *entrer en jouissance sans* envoi en possession, et que cette formalité n'est requise que pour mieux assurer les droits des fabriques, pour constater qu'elles sont propriétaires.

Nous n'avons point parlé d'un avis du Conseil d'État du 30 avril 1807, destiné à régler entre les fabriques nouvelles l'attribution des biens des églises supprimées, et entre les fabriques et les hospices les questions qui les divisaient.

Cet avis portait, entre autres choses : « Tout immeu- » ble, ou rente provenant de fabriques, de confréries, de » fondations, ou de fabriques d'anciens chapitres, dont l'a- » liénation ou le transfert n'avait pas été consommé anté- » rieurement à la promulgation des arrêtés du 7 thermidor » an XI, 25 frimaire an XII, 13 vent. et 28 mess. an XIII, » RETOURNE AUX FABRIQUES ET DOIT LEUR ÊTRE RESTITUÉ, » quelles qu'aient été les démarches préliminaires des hos- » pices pour en obtenir la jouissance, et ces démarches » leur donnent seulement le droit de répéter contre les fa- » briques le remboursement des frais faits pour parvenir à » la découverte et à l'envoi en possession desdits biens. » Décidé en ce sens qu'aux termes de l'arrêté du 7 thermidor an XI et de l'avis du Conseil d'État du 30 avril 1807, les rentes provenant des fabriques, dont l'aliénation et le transfert n'avaient pas été consommés antérieurement à la promulgation de cet arrêté, retournent aux fabriques et doivent leur être restituées par les hospices, lorsque ceux-ci ne justifient pas de l'envoi en possession de la rente antérieurement à la promulgation de l'arrêté du 7 thermidor an XI. (Ordon. du Conseil d'État du 19 fév. 1823.) Dalloz, Vº *Culte*, nº 541.

Ces dispositions de l'avis du 30 avril prouvent de plus en plus qu'en 1807 l'intention du législateur était de rendre aux églises tous leurs biens non aliénés à la date du 7 thermidor an XI, même les biens déjà remis aux hospices, pourvu que cette cession n'eût pas été consommée par un envoi en possession prononcé en faveur de ces derniers établissements. Il paraît que l'*Avis*, dont nous n'avons pas le texte sous les yeux, se borne, quant aux fabriques, à ordonner la restitution de leurs biens ou rentes, sans dire un seul mot d'un envoi en possession qu'elles devraient obtenir préalablement. On a tiré de là un argument contre la nécessité de l'envoi en possession en général, pour ce qui regarde les fabriques. Mais, dit Dalloz : « On a répondu que cet avis réglant » spécialement les prétentions respectives des fabriques et » des hospices n'est pas applicable aux contestations en- » tre les fabriques et le domaine. Dans l'avis du 30 jan- » vier 1807, au contraire, le gouvernement s'est expri- » mé en termes généraux, et l'on conçoit aisément cette » différence ; le débat entre une fabrique et un hospice im- » porte peu au domaine ; mais il lui importe beaucoup de ne » pas faire sortir de ses caisses le prix des rentes que les » débiteurs des fabriques y avaient versé, ou que les acqué- » reurs lui avaient payé pour en obtenir le transfert. C'était » donc, dit M. de Cormenin, Quest. 2ᵉ, édit. Vᵒ *Fabriques*, sa » propre affaire qu'il réglait, et il l'a réglée à la manière du » plus fort, en déclarant qu'il ne devait rendre qu'à de cer- » taines conditions, quoiqu'il eût promis de rendre sans » condition. » (Dalloz, Vᵒ *Culte*, nᵒ 541).

Ainsi la législation impériale et celle de la restauration n'offrent point de bases solides au système où l'on ne compte pour rien la possession de fait conservée par les fabriques.

Remontons maintenant jusqu'au temps de la terreur. On nous oppose une loi de l'an II, ou soit de 1793, en vertu de laquelle tout l'actif affecté à quelque titre que ce soit aux fabriques des églises est déclaré faire partie des propriétés nationales. Par l'effet de cette loi, l'État est devenu propriétaire non seulement des biens sur lesquels la main mise nationale s'est opérée, mais encore des biens et rentes célés à l'État. L'arrêté du 7 thermidor n'a pas fait cesser immédiatement le droit de propriété et la saisine de l'État; les fabriques ne sont investies de la propriété des biens et rentes à elles remis que lorsqu'elles ont été envoyées en possession par un arrêté spécial du préfet; donc, avant l'envoi en possession elles n'ont point qualité pour exiger le paiement des rentes etc.

A cela nous répondons :

1° Entre la législation de 1793 et celle qui a suivi le concordat il y a un abîme. La première ne tend qu'à détruire la religion et le culte; la seconde a pour but de les rétablir.

2° La loi du 13 brumaire an II (1793) déclare que tout l'actif des fabriques fait partie des propriétés nationales ; l'arrêté du 7 thermidor an XI déclare que les biens et rentes des fabriques, non aliénés, SONT RENDUS à leur destination.

L'arrêté du 7 thermidor révoque donc, quant aux biens auxquels il s'applique, la loi de 1793. Les fabriques recouvrent, par la seule force de cet arrêté, tous leurs droits de propriété, droits dont l'exercice est suspendu tant que les biens ne sont pas livrés aux églises, mais auxquels il ne manque plus rien si la possession de fait vient s'y réunir, de quelque manière que cela arrive.

Tel est précisément l'aspect sous lequel cette question a été envisagée par l'Avis du Conseil d'État de 1807 et par la circulaire de l'Administration des Domaines du 27 juillet 1808.

3° De ce que l'État aurait conservé la *propriété* des biens célés au domaine et toujours restés aux mains des fabriques, il ne s'ensuivrait pas que celles-ci ne peuvent pas exercer à l'égard des tiers les droits que nos lois accordent à toute personne ou à tout établissement investi d'une *possession* ayant les qualités requises pour l'exercice de l'action possessoire.

4° Après avoir acquis la propriété de tous les biens ecclésiastiques par la loi de 1793, l'État a pu la perdre par l'effet des lois qui règlent en France la transmission de la propriété. Si la prescription court contre les particuliers, elle court aussi contre lui, et les établissements publics ont le droit de la lui opposer (Art. 2227 du Code civil.). Or les propriétés dont nous nous occupons ici sont possédées par les églises depuis plus de 60 ans à partir des lois de 1790 et de 1793; depuis plus de 50 ans à partir de l'arrêté du 7 thermidor et de l'avis du Conseil d'Etat de 1807. Depuis la confiscation des biens ecclésiastiques, depuis les restrictions réelles ou prétendues qui auraient été apportées à la restitution générale ordonnée par l'arrêté du 7 thermidor, un demi-siècle s'est écoulé. L'État a eu le temps de réclamer les biens qui font l'objet de ce mémoire. Au lieu de les réclamer, il a déclaré par l'organe de l'administration des domaines qu'ils sont acquis aux fabriques. Combien d'années, combien de siècles faudra-t-il pour que l'État, déclaré propriétaire malgré lui, soit débarrassé, par la prescription, de ces droits qu'on lui attribue en dépit de sa résistance? Si dans cent ans d'ici, une église ayant conservé quelques-unes de ses anciennes propriétés veut les défendre contre les usurpateurs, lui objectera-t-on encore qu'elle n'a point qualité parce qu'elle n'a pas été envoyée en possession? Et s'il doit y avoir une époque où cette objection cessera d'avoir cours, quelle sera cette époque, et par quelle loi réglera-t-on les effets de cette prescription d'un genre inouï jusqu'à nos jours?

Un particulier qui depuis plus de trente ans aurait joui de quelques biens célés au domaine, et cela au moyen d'une possession ayant tout ce qu'il faut pour prescrire, serait-il définitivement propriétaire de ces biens ? Repousserait-il victorieusement une action en revendication dirigée contre lui par l'État ? Oui sans doute. Pour soutenir le contraire, il faudrait ébranler et renverser tous les principes sur lesquels repose en France le droit de propriété.

Or si un particulier a cette faculté, pourquoi les fabriques en seraient-elles privées? Qu'on nous montre la loi qui la leur refuse, et qu'on nous explique comment des biens qui ne sont pas hors du commerce seraient imprescriptibles pour les fabriques seules, c'est-à-dire pour les établissements dont ils formaient jadis le patrimoine, à qui on les avait enlevés injustement et à qui l'État a voulu les restituer.

Si des biens célés au domaine étaient vendus aujourd'hui à une fabrique par un particulier qui les aurait possédés jusqu'à ce jour, la fabrique pourrait-elle se prévaloir devant les tribunaux de son contrat d'acquisition? Si la fabrique au lieu d'acheter ces biens de ce même particulier, les acquérait, aux dépens de celui-ci, par voie de prescription, serait-elle bien et dûment propriétaire ? Si on répond négativement, qu'on nous dise sur quelle législation on se fonde. Et si la réponse est affirmative, qu'on nous dise pourquoi une église qui prescrirait contre l'État s'il y avait entre elle et lui un intermédiaire, ne peut pas prescrire directement contre lui, alors surtout qu'il déclare hautement n'avoir plus rien à prétendre.

L'État peut-il renoncer à ses droits de propriétaire, ou tacitement en laissant prescrire, ou expressément en faisant savoir qu'il a abandonné et qu'il abandonne les biens ? Sa renonciation ne porte atteinte à aucune de ces grandes lois qui intéressent l'ordre public et les bonnes mœurs, et auxquelles aucune convention particulière ne peut déroger, parce qu'elles sont toujours nécessaires pour empêcher les désordres et les scandales.

L'envoi en possession, considéré comme mesure gouvernementale, fut un moyen de police pour prévenir la confusion et le désordre qu'on avait lieu de redouter à l'époque où toutes les fabriques devaient reprendre simultanément leurs anciennes propriétés; ce fut, et ce serait encore, au besoin, un moyen de partager équitablement les biens ecclésiastiques entre les anciennes et les nouvelles paroisses, dans les cas prévus par l'ordonnance du 28 mars 1820. Si nous l'envisageons sous cet aspect, les effets de son accomplissement ou de son omission ne sont pas réglés par les lois spoliatrices de 1793, mais par la législation impériale et par celle de la restauration que nous avons déjà analysées. Hors de là il ne se rattache en aucune manière à l'ordre public. La Cour de Cassation s'est prononcée dans ce sens par un arrêt du 15 février 1832 (1).

Il ne nous reste donc qu'à considérer l'envoi en possession comme une mesure purement fiscale, intéressant uniquement le domaine et ses ayant cause, et se rattachant par là à la loi de 1793.

Or dès que nous sommes sur ce terrain, l'État est assimilé à tous les autres propriétaires. Qu'il conserve tous ses droits tant qu'on ne prescrit pas contre lui, et que les

_____

(1) « Sur les premier et deuxième moyens : -- Attendu que l'unique
» question proposée par les parties et décidée par l'arrêt attaqué, était
» celle de savoir si c'était la prescription trentenaire ou bien la qua-
» dragénaire qui devait être appliquée à la cause ; que le prétendu défaut
» soit d'envoi en possession, soit de la propriété de la rente en question
» à l'égard de la fabrique de Saint-Pierre, ne tenant sous aucun rapport
» à l'ordre public, se rattachant exclusivement à des faits, et invoqué
» dans l'intérêt privé des demandeurs en cassation, ne pouvait aucune-
» ment être pour la première fois présenté devant la cour; qu'ainsi ces
» deux moyens ne sont pas recevables; rejette le pourvoi contre l'arrêt
» de la Cour de Rennes du 7 février 1831. » (Cour de Cassation, 15 février 1832; DALLOZ, *Répertoire*, V° *Culte*, n° 540).

Nous citons cet arrêt sans affirmer que telle est la *jurisprudence* actuelle de la Cour de Cassation.

ayant conservés il ne s'en dépouille que par un envoi en possession, cela se conçoit. Mais soit qu'il le veuille, soit qu'il ne le veuille pas, jamais il n'aura, aux yeux de la raison et de la conscience, le droit d'abandonner pendant un temps indéfini la possession des anciennes propriétés ecclésiastiques, de la laisser flottante et incertaine, afin qu'elle serve d'aliment à des querelles, à des procès, et peut-être même à des désordres; de contempler, en spectateur indifférent, les changements qui la font passer d'une main à l'autre, et de se réveiller alors seulement qu'il la voit revenir entre les mains des fabriques; nous disons de se réveiller, non pas pour réclamer lui-même ces propriétés, mais pour empêcher que les fabriques ne les recouvrent; après quoi il ne s'en occupera plus et rentrera dans sa léthargie habituelle. Il n'y aurait pas de nom pour qualifier un pareil système. Si l'État est propriétaire, qu'il prenne les biens ou qu'on les lui donne; s'il n'est pas propriétaire, qu'on ne le fasse plus intervenir dans des contestations auxquelles il est étranger.

Ni l'ordre public ni les bonnes mœurs ne sont compromis parce qu'une église possède, sans la formalité de l'envoi en possession, des biens qui lui ont toujours appartenu et qu'on avait voulu lui enlever par les lois de 1790 et de 1793. Le spectacle de cette possession ne cause ni étonnement ni scandale et n'excitera jamais personne à violer les lois du pays. Ce qui troublerait l'ordre public, ce qui donnerait une vive impulsion à l'esprit de vol et de rapine, ce qui propagerait le mépris de la religion et des lois de l'église, ce qu'on ne s'expliquerait point dans un temps où tout est tranquille et où rien ne gêne l'action de la justice, ce serait le spectacle d'un assaut livré de toutes parts aux propriétés ecclésiastiques, par des gens trop peu scrupuleux pour reculer devant des spoliations sacriléges, et assez heureux pour exercer impunément ce triste métier.

Résumons-nous. L'omission de l'envoi en possession ne rend pas nulle et inutile la possession de fait conservée ou

5

recouvrée par les fabriques. Elle ne produit point cet effet en vertu des lois et ordonnances qui régissent la matière ; nous croyons l'avoir prouvé. Elle ne le produit pas non plus en vertu des droits de propriété qu'on attribue à l'État : donc les fabriques doivent être admises à défendre contre les usurpations des tiers les biens qu'elle possèdent de cette manière.

Ici on nous fera peut-être l'objection suivante : Pourquoi les fabriques ne demandent-elles pas l'envoi en possession ? Quand même cette formalité ne serait pas indispensable, pourquoi ne pas s'y soumettre, puisqu'on parviendrait ainsi à concilier les intérêts des églises avec la jurisprudence qui a prévalu ?

Hélas ! nous ne demanderions pas mieux que de suivre ce conseil. Pourvu qu'une seule voie nous fût ouverte pour mettre les biens des églises à l'abri du pillage, nous la prendrions volontiers quoique longue et ennuyeuse. Mais de quelque côté que nous nous tournions, nous rencontrons des obstacles insurmontables.

Ainsi qu'on l'a vu plus haut, les tribunaux et l'administration financière ne sont pas d'accord sur la nécessité de l'envoi en possession. Ce qu'on affirme d'un côté on le nie de l'autre ; le résultat de ce conflit c'est que toutes les portes se ferment devant les administrateurs des églises lorsqu'ils demandent justice.

Voici ce qui arrive à la fabrique de Brando :

Le 6 octobre 1849, le trésorier de ladite fabrique assigne le sieur Romani (Côme-Marie) afin de le faire condamner à délaisser l'immeuble dénommé *Saint-Sylvestre* et appartenant à la fabrique.

Le sieur Romani allègue, pour sa défense, que ledit immeuble lui a été vendu par l'État conjointement avec une autre propriété, et sous la seule et même dénomination de *Centolino*.

Plus tard il prétend que sauf une parcelle qu'il détient

comme emphythéote, l'immeuble *Saint-Sylvestre* lui appartient parce qu'il l'a acquis par succession, vente, échange, ou prescription.

Après une enquête, une descente sur les lieux et la production de divers titres, le tribunal de Bastia reconnaît comme prouvés les faits suivants :

1° L'immeuble appartenant à la fabrique ne se compose pas seulement de la parcelle indiquée par le sieur Romani, mais il s'étend jusqu'aux limites indiquées dans la demande du trésorier.

2° Le sieur Romani n'a point justifié du droit de propriété ni de l'emphythéose dont il a excipé.

3° S'il a joui, pendant plus de 30 ans, de l'immeuble en question, il ne l'a possédé qu'à titre précaire, ou à d'autres titres qui ne lui en ont pas transmis la propriété. Cet immeuble appartenait à l'église de Brando plus d'un siècle avant l'année 1726, et elle l'a toujours conservé. Il a été successivement entre les mains de divers fermiers jusqu'en 1813 ou 1814. A cette époque, et en vertu d'un acte passé avec le curé de Brando, le sieur Romani a reçu ledit enclos pour le complanter à oliviers, sous la condition expresse qu'il paierait à l'église un fermage fixé au septième du revenu. Cet acte n'a pas été retrouvé parmi les papiers du curé, mais un des témoins de l'enquête en a entendu la lecture. Le sieur Romani a avoué tout récemment à ce même témoin qu'il est nanti d'un double de l'acte, mais qu'il ne veut pas le montrer. Il a lui-même produit des pièces établissant qu'il a payé les fermages jusqu'à l'année 1843. Ainsi la jouissance dont il se prévaut n'a été qu'à titre précaire et soumise à deux conditions résolutoires. Dès lors il ne peut pas invoquer la prescription.

D'après ces motifs, le tribunal, par un jugement du 20 décembre 1850, ordonne au sieur Romani de délaisser l'immeuble à la fabrique; le condamne en outre à payer les fermages jusqu'au jour de la demande, et à restituer les fruits depuis le jour de la demande jusqu'à celui de l'abandon.

Le 27 mars 1851, le sieur Romani se rend appelant du jugement rendu par le tribunal de première instance.

Le 18 avril 1855, arrêt de la Cour impériale de Bastia qui reçoit l'appel du sieur Romani, déclare la fabrique de Brando non recevable dans son action, faute par elle d'avoir obtenu l'envoi en possession ; rejette la demande en sursis formée par la fabrique et condamne cette dernière aux deux tiers des dépens.

La fabrique de Brando fait alors de nouvelles démarches pour obtenir l'envoi en possession. Nous disons *de nouvelles démarches* parce qu'elle avait déjà adressé une demande au Préfet pendant le cours de l'instance. Après l'arrêt de la Cour, la fabrique, prévoyant que tous ses débiteurs suivraient l'exemple du sieur Romani, réclame l'envoi en possession pour tous les biens qu'elle possède. Le Préfet consulte le directeur des domaines.

Ce chef de service, après avoir examiné les titres produits par la fabrique, jugea qu'ils pouvaient être sans valeur, depuis les lois qui ont aboli les dîmes, redevances, etc. ; que divers particuliers avaient pu acquérir des droits opposés à ceux de la fabrique ; et à ce sujet il discutait les clauses de certains actes tels que testaments, fondations, etc. Enfin, il croyait que les biens dont il s'agissait n'avaient jamais été jouis ni administrés par la fabrique. D'après ces motifs, il opinait contre l'envoi en possession.

Il semble que les questions discutées par M. le directeur des domaines et par lui résolues sur de simples probabilités ou conjectures, auraient dû être réservées au jugement des tribunaux, auxquels il appartenait de prononcer entre la fabrique et les tiers ; d'autant plus qu'une discussion engagée contradictoirement devant les tribunaux ordinaires et poursuivie, au besoin, par voie d'appel, offrait aux fabriciens des garanties dont ils étaient entièrement privés si l'administration des domaines se constituait juge du fond de la cause. La mission de cette administration se bornait, par elle-même, à veiller sur les intérêts du fisc, en s'assurant que les biens en question, quoique d'origine ecclésiastique, n'avaient pas été saisis par l'État ni par lui aliénés.

La fabrique, étant revenue à la charge, prouva qu'elle possédait *ab antiquo* les biens qui formaient l'objet de sa demande. M. le directeur des domaines reconnut le fait de la possession. Malheureusement pour la fabrique, il conclut, comme la première fois, mais en se fondant sur un motif tout à fait différent, que l'envoi en possession ne devait pas être accordé, attendu que la fabrique n'en avait pas besoin.

« La fabrique de Brando, disait M. le directeur des domaines, a soutenu avec raison devant la Cour de Bastia, qu'aux termes de l'avis du Conseil d'État de 1807, l'envoi en possession ne lui était point nécessaire, s'agissant de biens dont elle était originairement propriétaire et nantie, etc. » Nous allons reproduire en entier la lettre qui contient cette réponse.

A Mgr l'Évêque du diocèse d'Ajaccio.

Ajaccio, 10 Mars 1857.

Monseigneur,

« Le 16 février dernier vous m'avez adressé une nouvelle demande formée par la fabrique de Brando, à l'effet d'être envoyée en possession de plusieurs immeubles lui appartenant.

» Suivant votre désir, je me suis fait un devoir de soumettre encore le dossier de l'affaire à l'examen de M. le Directeur des Domaines qui paraissait, m'annonciez-vous, disposé à revenir sur l'avis qu'il avait déjà émis à cet égard.

» Ce chef de service vient de m'écrire qu'il persiste plus que jamais à croire que l'État n'a aucun envoi en possession à prononcer en faveur dudit établissement. Cette fabrique, dit-il, a soutenu avec raison devant la Cour de Bastia, qu'aux termes de l'avis du Conseil d'État de 1807 l'envoi en possession ne lui était point nécessaire, s'agissant de biens dont elle était originairement propriétaire et nantie, qu'elle avait célés au domaine et dont elle n'avait conséquemment jamais été dessaisie, la possession matérielle ne lui ayant jamais fait défaut un seul moment.

» Il résulte, en effet, de l'avis du Conseil d'État du 25 janvier 1807, qu'après la promulgation de l'arrêté du 7 thermidor an XI, des fabriques s'étaient crues fondées à se mettre, sans aucune formalité préalable, en possession tant des biens qui avaient été mis sous la main du domaine et qui leur étaient restitués par cet arrêté, que de ceux qui, célés au domaine, avaient échappé à la main mise nationale et n'avaient jamais cessé de rester matériellement au pouvoir des fabriques.

» Pour régulariser cette position, l'avis du Conseil d'État du 25 janvier 1807 voulut que les fabriques fussent provisoirement maintenues dans la jouissance des biens dont elles étaient *restées* ou s'étaient mises indûment en possession, jusqu'à ce que le gouvernement eût prononcé d'après l'examen, à faire par le ministre des finances, des états qui devaient lui être envoyés par les Préfets.

» L'article 2 de l'avis 1807, porte que les fabriques qui, par exception, avaient été autorisées à posséder des immeubles, « ne devraient se mettre en possession, A L'AVENIR, d'aucun objet, qu'en vertu d'arrêtés spéciaux des Préfets etc. »

» Une circulaire de l'administration des domaines du 27 juillet 1808, corollaire de l'instruction 334, a fait connaître que l'intention de S. Ex. le Ministre des finances était qu'on ne revînt pas « sur tout ce qui avait été fait et consommé avant la date de sa décision du 6 juin 1806. » Ainsi, continue cette circulaire : « Si les fabriques sont rentrées en possession, *avant le 6 juin* 1806, soit en vertu d'arrêtés spéciaux *ou même sans arrêtés, il n'y a pas à revenir sur ces rentrées en possession.* »

» On ne saurait raisonnablement prétendre que les objets dont une fabrique n'avait jamais cessé d'être matériellement en jouissance et possession, fussent dans une position plus défavorable que ceux dont le dessaisissement s'était opéré, qui avaient passé matériellement entre les mains de l'État, d'où ils n'étaient sortis que par une prise de possession irrégulière. Sans doute, les fabriques avaient eu tort de soustraire leurs biens à la connaissance du domaine, mais l'avis du Conseil d'État de 1807 et la décision du 27 juillet 1808 ont amnistié cette désobéissance, en confondant dans la même mesure de clémence les biens dont les fabriques étaient *restées* ou s'étaient mises en possession sans arrêtés.

» La fabrique de Brando étant une de celles qui étaient toujour *restées en possession* de leurs anciens biens, sa position s'est trouvée régularisée par la circulaire précitée du 27 juillet 1808, portant *qu'il n'y avait pas à revenir sur les possessions antérieures au 6 juin* 1806. C'est là la reconnaissance formelle de ces possessions, d'où la conséquence que la fabrique de Brando n'avait à demander ni à obtenir aucun nouvel envoi en possession par l'État, puisque, depuis l'acte du 27 juillet 1808, il n'y a eu aucune perturbation qui ait pu occasionner un nouveau déplacement de la possession qui rendît l'intervention de l'État nécessaire.

» S'il pouvait en être différemment, le rôle de celui-ci ne finirait jamais, et dans un siècle, éternellement, au moindre trouble apporté à la possession ou à la propriété de la fabrique, celle-ci pourrait, pour ainsi dire, appeler sans cesse l'État en garantie, en réclamant sa maintenue en possession.

» Au 6 juin 1806, la fabrique de Brando avait donc la possession. Si elle l'a laissée entamer, les questions qui ont pu surgir n'ont dû être résolues que par l'application des règles du droit commun.

» Les actes produits par la fabrique ayant déjà été examinés par le Tribunal et la Cour de Bastia, ainsi qu'il résulte du jugement du 20 décembre 1850 et de l'arrêt du 18 avril 1855 faisant partie des pièces que vous m'avez communiquées, nous n'avons M. le Directeur des domaines et moi aucune autre appréciation à donner. J'ai donc l'honneur de vous renvoyer tout le dossier qui accompagnait votre lettre du 20 février 1857, en vous exprimant le regret que j'éprouve de ne pouvoir donner suite à la demande de la fabrique de Brando.

» Agréez, etc.

Le Préfet de la Corse,

MONTOIS.

Ainsi, aux yeux de l'administration, la fabrique avait la loi pour elle; mais on ne lui donnait gain de cause que pour lui refuser la mesure par elle sollicitée; elle était donc aussi embarrassée de ce succès obtenu devant le préfet que de sa défaite devant la Cour. En dernier résultat, elle était toujours réduite à l'impuissance de se défendre.

Cette situation s'étant nettement dessinée, et chacun ayant compris que l'accès des tribunaux était désormais fermé à la fabrique, on jugea que l'exemple du sieur Romani était bon à suivre. Aujourd'hui d'autres fermiers ou débiteurs de l'église de Brando lui refusent ce qu'ils lui doivent, et le motif est le même pour tous; c'est que la fabrique *n'a point qualité*, attendu qu'elle n'a pas été envoyée en possession.

Nous nous abstiendrons de toute réflexion; lorsque les faits sont si éloquents par eux-mêmes, les commentaires deviennent inutiles.-

Disons cependant quelques mots au sujet d'une question qui se rattache à l'opinion émise par M. le directeur des domaines.

Autre chose est que l'envoi en possession ne soit pas nécessaire aux églises ayant toujours la jouissance de leurs anciennes propriétés, autre chose est que cet envoi ne puisse pas leur être accordé pour assurer de plus en plus leurs droits et pour faciliter la tâche de leurs administrateurs. Il faut, sans doute, dans ce cas, un peu de bonne volonté et de condescendance de la part de l'administration ; nous concevons même qu'elle soit un peu déroutée lorsqu'elle se met à l'œuvre ; car la marche à suivre ne comporte plus toutes les formalités auxquelles on est habitué. Une demande d'envoi en possession doit être ordinairement appuyée par des titres ou d'autres preuves dont la production devient inutile dans la présente hypothèse. Les décrets ou règlements sur cette matière supposent toujours qu'il s'agit de biens non possédés par les fabriques et qu'il faut enlever ou à l'État ou à des tiers détenteurs, pour en donner aux églises non seulement l'investiture mais encore la possession de fait. Tout a été réglé en vue de cette éventualité. Ici, au contraire, la fabrique est déjà nantie ; ses anciens droits de propriété sont connus, à défaut d'autres preuves, par la notoriété publique et attestés par une possession qui n'a jamais été interrompue. Ces affaires se présentent donc sous un aspect extrêmement simple, et l'administration peut penser au premier abord qu'elle n'a pas besoin de s'en occuper. Mais pourquoi refuserait-elle d'intervenir dans l'intérêt des églises, si elle en a la faculté ? Or il nous semble qu'elle a ce pouvoir, et nous espérons le démontrer dans l'article suivant.

Ce qui précède était déjà écrit et, en grande partie imprimé, lorsqu'on nous a communiqué un nouvel arrêt de la Cour impériale de Bastia, rendu il y a un mois, et que nous allons transcrire à cause de son importance.

La Fabrique de S. Damiano avait été assignée devant le tribunal de Bastia pour voir ordonner qu'elle eût à s'abstenir désormais de troubler les sieurs Giannorsi et Grimaldi dans la possession d'une terre ayant appartenu jadis à ladite église de S. Damiano, et acquise comme bien national par les demandeurs.

Le tribunal rendit, le 30 avril 1858, le jugement suivant :

« *Fait.* — Les biens appartenant jadis *à la fabrique de S. Damiano* furent vendus, en l'an onze, aux enchères, comme biens nationaux, à deux particuliers lesquels les ont vendus ensuite aux parties de M° Pignoni. Plus tard plusieurs habitants de ladite commune de San Damiano les ayant, à différentes reprises, troublés dans la propriété et possession de ces immeubles, ils les ont fait assigner devant M. le juge de paix du canton de Porta ; le sieur Grimaldi Paul-Vincent, trésorier de ladite Fabrique, est intervenu en cause, et a soutenu en sa dite qualité, que la fabrique était seule et unique propriétaire desdits biens. Dans les circonstances et pour les motifs énoncés en demande, les parties de M° Pignoni ont fait assigner ledit trésorier devant le tribunal, pour voir dire et déclarer qu'elles sont seules et uniques propriétaires et possesseurs desdits biens ; que défense sera faite au trésorier de plus les troubler, et pour l'avoir fait se voir condamner à trois mille francs de dommages-intérêts, et aux frais. Contre cette demande M. le trésorier a constitué avoué en la personne de M° Cagnani et articulé des faits qui ont été déniés......

» Sur la fin de non-recevoir proposée par les parties de Pignoni, et déduite du défaut d'envoi en possession de la partie de Cagnani relativement aux biens en question.

» Considérant que si la nécessité de ce préalable est impérieusement imposée aux fabriques demanderesses par application de l'arrêté du 7 thermidor an XI, et de l'avis du Conseil d'État du 30 avril 1807, combinés avec les art. 36 du décret du 30 décembre 1809, 1 et 2 de l'ordonnance du 28 mars 1820 et d'une jurisprudence constante, il en est autrement au cas où ces fabriques seraient défenderesses ;

» Considérant, en effet, que les lois précitées n'imposent cette nécessité qu'aux fabriques demanderesses, car il est de principe que l'application d'une loi exorbitante du droit commun doit être restreinte aux cas spécialement prévus ; qu'au surplus, si le système contraire était admis, il en résulterait que ces corps moraux seraient frappés d'une incapacité légale non prononcée par la loi, qui est celle de ne pas pouvoir prescrire ; ce qui est inadmissible ;

» Considérant que c'est en s'inspirant de ces motifs, que la Cour impériale de Rennes a, par son arrêt du 27 août 1845, distingué entre une fabrique demanderesse, et la fabrique défenderesse, distinction qui est dans l'esprit et dans la lettre de la loi, et surtout dans la raison ;

» Considérant, dès lors, que c'est le cas de rejeter de leur exception tant la partie de Cagnani, que celle de Pignoni.

Au fond.

» Considérant que la validité, tant en la forme qu'au fond, de la vente faite en l'an onze de la République par la nation aux furent Jean-Quilicus Benedetti et Joseph Casabianca, aux droits desquels procèdent les parties de Pignoni, n'étant ni ne pouvant être contestée, toute la question se réduit à savoir : 1° quelle est la contenance des biens achetés ? 2° des bornes ont-elles été posées ?

Sur la première question.

» Considérant qu'en présence des procès-verbaux d'adjudication, qui sont les titres constitutifs du droit des parties de Pignoni, et des offres faites par la partie de Cagnani, cette première question n'en est pas une ; qu'en effet la nation vend à feu sieur Jean-Quilicus Benedetti, outre vingt autres biens complantés à châtaigniers, qui ne sont pas constatés, *cento bacinate di terra, macchia, e leccie all'intorno dei beni Sambucaccia, Comune e Fusale*, et la partie de Cagnani a demandé acte soit dans ses conclusions, soit dans ses observations verbales, de ce qu'elle reconnaît la légitimité du premier point de litige ;

» Considérant que s'il est hors de doute, que dans les *cent bacinate* on ne doit pas comprendre les rochers qui se trouveraient parsemés sur la surface du terrain, les parties de Pignoni ne sont pas fondées de leur côté à prétendre à la propriété des chênes-verts qui se trouveraient en dehors du périmètre de ce même terrain.

Sur la deuxième question.

» Considérant que la solution de cette 2ᵉ question n'est pas plus difficile que la première ; que les parties de Pignoni ont en effet articulé dans leurs conclusions, qu'en 1844 des bornes divisoires ont été posées de commun accord entre les parties litigantes, et ce fait n'a pas été contesté par la partie de Cagnani dans ses explications orales ; que seulement elles diffèrent relativement à la position de ces mêmes bornes ;

» Considérant que de ces explications orales le tribunal a acquis en outre la preuve, que l'abornement dont s'agit a été effectué à la suite de l'intervention officieuse de l'abbé Angeli, desservant à cette époque de la paroisse de San Damiano, et actuellement curé à Sermano, qui aurait même dirigé cette opération ;

» Considérant que dans cet état de choses le moyen le plus sûr pour arriver à un résultat que les parties elles-mêmes ont voulu atteindre, c'est de dire que cet ecclésiastique se rendra sur les lieux contentieux avec mission de rétablir les anciennes bornes, et d'en dresser procès-verbal, qui sera déposé dans les formes de droit au greffe de ce tribunal ;

» Considérant que si, contre toute attente du tribunal, les parties, ou l'une d'entre elles avaient des motifs légitimes de récusation contre l'abbé Angeli, elles seront tenues de les notifier dans le délai de trois jours de la signification du présent, et dans ce cas le tribunal doit dire qu'il sera procédé au mesurage des cent *bacinate* dont il s'agit, conformément au procès-verbal d'adjudication du 26 brumaire an XI, par un géomètre arpenteur qui sera ci-après désigné ;

» Considéraut qu'en l'état la demande en preuve formée par la partie de Cagnani serait inutile et frustratoire ;

» Considérant que les dommages-intérêts réclamés par les parties de Pignoni ne sont pas justifiés......

» Par ces motifs, le tribunal, le ministère public entendu, rejette de leurs exceptions tant la partie de Mᵉ Cagnani, que celles de Mᵉ Pignoni ; et statuant au fond, déclare, que les parties de Pignoni n'ont droit en vertu du procès-verbal d'adjudication du 26 brumaire an XI, qu'à une contenance de *cent bacinate* et accessoires sur les terres qui touchent les biens *Sambucaccia, Comune e Fusale* ; dit, que les bornes divisoires, qui ont été posées en 1844 de commun accord par les parties, seront rétablies sous la direction de M. l'abbé Angeli, curé à Sermano, lequel en dressera procès-verbal qui sera déposé dans les formes de droit au greffe du tribunal ; dit, qu'en cas de récusation légitime de cet ecclésiastique, ce qui sera fait dans le délai de trois jours à dater de la signification du présent jugement, il sera procédé au mesurage des cent *bacinate* de terre dans les limites qui ont été indiquées, par le sieur Caccia, géomètre arpenteur, que le tribunal nomme d'office, et qui prêtera le serment voulu par la loi, ainsi que l'abbé Angeli en cas de non-récusation, devant le juge De Casabianca à ce commis, à la charge, par le sieur Caccia, de déposer au greffe le résultat de ses opérations. Rejette les parties de Pignoni de leur demande en dommages-intérêts, etc. »

Sur l'appel des sieurs Giannorsi et Grimaldi, la Cour a rendu, le 14 décembre 1858, l'arrêt que voici :

« Considérant que l'arrêté du 7 thermidor an XI n'a pas investi de plein droit les fabriques des églises de la propriété des biens dont elles avaient été dépossédées par la loi du 13 brumaire an II ;

» Considérant que leur réintégration dans les biens restitués est subordonnée à l'envoi en possession prescrit par l'avis du Conseil d'État du 30 avril 1807 et par les articles 36 du décret du 30 déc. 1809, 1 et 2 de l'ordonnance du 28 mars 1820 ;

» Considérant qu'il résulte de ces diverses dispositions que l'arrêté d'envoi en possession est le titre essentiel et le fondement du droit de propriété des fabriques des églises, à l'égard des biens dont la restitution a été ordonnée en leur faveur ;

» Considérant que le législateur, en prescrivant cette formalité préalable, ne s'est point préoccupé des instances auxquelles les biens dont il s'agit pourraient donner lieu dans la suite ;

» Que l'envoi en possession, fondé sur des motifs d'ordre et d'intérêt public, est, dans tous les cas, également nécessaire ;

» Que les fabriques des églises sont tenues de justifier de son existence, soit qu'elles intentent, soit qu'elles repoussent une action en revendication des biens qui furent autrefois leur propriété ;

» Considérant que c'est sans aucun fondement que le tribunal de première instance énonce, dans les motifs de sa décision, que «soumettre les fabriques défenderesses à produire » l'arrêté de l'envoi en possession, ce serait les frapper d'in- » capacité pour prescrire ;

» Considérant qu'il y a lieu de distinguer en cette matière deux hypothèses différentes que le jugement attaqué a confondues ;

» Considérant que si les fabriques fondent leur droit sur l'arrêté du 7 thermidor an **XI**, elles sont incontestablement tenues de justifier de l'arrêté d'envoi en possession ;

» Considérant que si elles se bornent, au contraire, à exciper de la prescription trentenaire, l'envoi en possession ne saurait être évidemment exigé, quelle que soit leur position dans l'instance ;

» Considérant en effet que la prescription est indépendante de tout titre et qu'elle en tient lieu si l'exception est justifiée ;

» Considérant que c'est uniquement parce que la fabrique de S. Damiano, intimée, est dépourvue de tout titre, qu'elle retranche son droit de propriété derrière la prescription ;

» Mais considérant, à cet égard, qu'elle allègue vainement que les biens en litige étaient en 1789 la propriété de la commune de S. Damiano ;

» Qu'elle ne justifie point et ne demande pas même à faire preuve de la prescription acquisitive ;

» Qu'elle n'articule aucun fait précis de possession ;

» Considérant qu'il résulte, au contraire, des poursuites dirigées en 1843 et 1857 par les appelants, devant le tribunal de simple police, contre divers habitants de S. Damiano, à raison de dommages par eux commis sur lesdits biens, que la fabrique n'était pas en possession ;

» Considérant que la même preuve s'induit encore de la nature de la demande soumise à l'appréciation de la Cour ;

» Que les sieurs Giannorsi et Toussaint Grimaldi, appelants, n'exercent pas une action en délaissement ;

» Qu'ils ont demandé, dans leurs conclusions en première instance et devant la Cour, que la fabrique de S. Damiano soit déclarée irrecevable et mal fondée dans ses prétentions, et qu'il lui soit fait défense de troubler à l'avenir les appelants dans la propriété et possession des biens en litige ;

» Considérant d'ailleurs que, dans le système même de la fabrique, la prescription s'étant accomplie au préjudice de la commune, les sieurs Giannorsi et Toussaint Grimaldi ne seraient pas les contradicteurs légitimes d'une telle prétention, et que la commune aurait seule qualité pour y répondre ;

» Considérant que les dépens sont subordonnés au principal ;

» Par ces motifs,

» La Cour a mis et met au néant les appellations, et ce dont est appel, et procédant par nouveau jugé,

» Déclare la fabrique de San Damiano non recevable à invoquer le bénéfice des dispositions de l'arrêté du 7 thermidor an XI, l'État n'ayant pas ordonné qu'elle serait remise en possession des biens et immeubles qui sont l'objet du litige ;

» La déclare pareillement non recevable et surabondamment mal fondée dans son exception relative à la possession
trentenaire ;

» Lui fait, en conséquence, espresses inhibitions et défen-
ses de troubler à l'avenir les appelants principaux dans la
possession et jouissance des biens qui forment l'objet des
deux ventes administratives du 1er frimaire an XI ; la condamne en l'amende de son appel incident ; la condamne, en
outre, en tous les dépens des deux instances ; ordonne la
restitution de l'amende consignée sur l'appel principal. »

Ainsi la Cour déclare que les fabriques n'ont pas besoin
d'envoi en possession pour recouvrer au moyen de la prescription trentenaire leurs anciennes propriétés. Cette décision nous paraît d'une extrême importance, soit parce que
nous ne l'avions pas encore trouvée aussi nettement formu-
lée dans les arrêts rendus contre les fabriques ; soit parce
que, d'après une erreur fort répandue dans notre pays, on
commençait à s'imaginer que la prescription même ne pouvait pas tenir lieu de l'envoi en possession.

Il nous semble aussi qu'en statuant sur la question relative à la prescription, la Cour a statué implicitement sur la
question relative à la possession annale. Elle déclare en effet
que l'envoi en possession n'est pas nécessaire à une fabrique
qui ne s'appuie point sur des titres, mais sur la prescription,
laquelle a pour objet de suppléer les titres et en tient lieu.

Or ce qui supplée les titres dans cette hypothèse, ce n'est
pas précisément la prescription, mais la possession continuée pendant trente ans. La possession est la cause, la
prescription n'est que l'effet.

Mais si en vertu de nos lois la possession trentenaire nous
met à l'abri de toutes les actions en revendication, aucune
exceptée, la possession annale, en vertu de ces mêmes lois,
nous met à l'abri de toute prétention qui ne serait pas fondée sur des titres. Dans l'un et l'autre cas, quoique dans

des proportions différentes, la possession se suffit à elle-même. C'est toujours le même principe; les conséquences seules sont plus ou moins larges, selon la durée de la possession. Nous sommes donc autorisés à conclure que la possession annale, pour produire les effets qui lui sont propres, n'a pas plus besoin d'être appuyée sur un envoi en possession du gouvernement, que la possession trentenaire n'en a besoin pour entraîner la prescription.

Ainsi une fabrique ayant pour elle une possession de fait, paisible, à titre de propriétaire etc., peut, sans avoir obtenu l'arrêté d'envoi en possession, se présenter devant les tribunaux, soit comme demanderesse si c'est elle qui dénonce un trouble apporté à sa jouissance, soit comme défenderesse si son adversaire, se voyant trop faible pour la dépouiller par des voies de fait, se présente lui-même aux tribunaux pour se faire déclarer possesseur.

Cette dernière supposition n'a rien de chimérique. Au point où en sont venues les choses dans notre pays, nous pourrions avoir le spectacle d'une effronterie qui porterait les usurpateurs des propriétés ecclésiastiques à se prétendre troublés dans l'exercice de leurs droits, tandis que le trouble viendrait uniquement de leur côté et ne menacerait que les églises.

Il est très-essentiel qu'en plaidant devant les tribunaux, les fabriques, laissant de côté tous les arguments dont la valeur serait douteuse aux yeux des juges et qui tendraient à soulever des questions plus ou moins controversées, s'appliquent uniquement à prouver le fait de leur possession annale ou trentenaire, selon l'exigence des cas. Le débat une fois engagé sur ce terrain, l'adversaire de la fabrique ne peut plus se flatter de la réduire à l'impuissance de se défendre, en objectant qu'elle n'a pas été envoyée en possession; il est obligé de combattre à armes égales. Si c'est lui qui actionne la fabrique, il est tenu de prouver que la possession ou soit la jouissance de l'immeuble est, ou

6

a été jusqu'alors entre ses mains ; qu'il a joui paisiblement, à titre de propriétaire etc. jusqu'au moment du trouble qu'il impute à la fabrique ; tant qu'il ne se met pas en devoir de fournir cette preuve, la fabrique est en sûreté et n'a pas même besoin de se défendre. Si, au lieu de s'appuyer sur la possession, il s'appuie sur des titres, la fabrique a le droit de discuter ces titres prétendus et de démontrer, s'il y a lieu, que les assertions du demandeur sont inexactes ; que ses titres, vrais ou faux, ne concernent point l'immeuble en litige ; qu'il est, par conséquent, relativement à cet immeuble, aussi dépourvu de titres que la fabrique elle-même, et n'a, dès lors, rien à prétendre contre cette dernière, puisque c'est elle qui possède. Cela nous paraît hors de toute contestation. L'avantage de la possession n'existerait plus, et la propriété serait ébranlée jusques dans ses fondements, si un individu produisant un titre quelconque avait le droit de réduire au silence le possesseur de l'immeuble qu'il convoite, en soutenant que le simple possesseur ne peut pas discuter ce titre, et doit accepter comme décisif un document entaché peut-être de plusieurs vices, ou ne contenant pas ce que l'on veut y trouver, ou n'ayant pas toute la portée et toute l'étendue qu'on lui attribue.

Il nous semble difficile que cette doctrine trouve des contradicteurs. Mais pour donner à chacun ce qui lui appartient, il ne suffit pas de rendre hommage aux principes considérés spéculativement. Il faut encore qu'ils soient appliqués et qu'on ne les entende pas de manière à les rendre tout à fait illusoires.

Ici nous sentons de nouveau le besoin de déclarer que nous reconnaissons notre insuffisance. Bien loin de vouloir nous ériger en maître, nous nous inclinerions volontiers devant des lumières infiniment supérieures aux nôtres. Mais si la Cour de Cassation elle-même revient quelquefois sur sa jurisprudence, avouant par là que, selon sa manière de voir actuelle, elle s'était trompée dans ses décisions antérieures ;

si ces changements nous apprennent que la science la plus profonde et la plus haute intégrité ne sont pas à l'abri de l'erreur, il est sans doute permis à un écrivain, tout obscur qu'il soit, de signaler la vérité qu'il croit avoir découverte, en apportant dans l'étude de certaines matières une attention et un amour que des esprits plus élevés, mais distraits par d'autres occupations, n'y avaient pas encore mis.

Nous disons que les principes pourraient être frappés d'une stérilité complète par les combinaisons et les évolutions de la procédure.

Ainsi une fabrique plaide, soit en demandant, soit en défendant, pour conserver la possession d'anciennes propriétés dont elle a toujours eu la jouissance. Selon la tactique devenue commune parmi les ravisseurs des biens d'église, on objecte qu'elle n'a pas été envoyée en possession par le Gouvernement.

Elle répond : j'exerce depuis plus de trente ans une possession ayant toutes les qualités voulues par la loi. J'ai donc prescrit contre tout le monde et contre l'État lui-même ; ainsi je suis en règle, et le défaut d'envoi en possession ne prouve rien contre moi.

Il semble, au premier abord, que, la possession trentenaire étant prouvée, tout soit fini ; car la prescription au profit des fabriques étant admise en principe, même contre l'État, sur quoi porterait la discussion ?

Mais on dit à la fabrique : Pierre plaide contre vous pour la propriété ou la possession de cet immeuble ; pour vous fermer la bouche, il expose que vous n'avez pas été envoyée en possession par le Gouvernement ; vous répondez que l'État n'a rien à prétendre sur cet immeuble, parce que vous l'avez acquis au moyen de la prescription. Mais s'il en est ainsi, vous auriez prescrit contre l'État ; ce serait donc entre l'État et vous que le débat devrait s'engager ; or l'État n'étant pas en cause, on ne peut rien statuer sur ce différend ; donc c'est à Pierre que l'immeuble doit être adjugé.

Ainsi les fabriques ne prescriront jamais contre l'État, en ce qui touche leurs anciennes propriétés ; ou pour mieux dire, elles prescriront contre l'État lui-même, car s'il élève des prétentions, elles le réduiront au silence ; mais elles ne prescriront pas contre une vaine fantasmagorie qui jettera le nom de l'État au milieu de la discussion, dans le seul but d'embrouiller l'affaire ; et les fabriques, mises en présence d'un fantôme, ne sauront plus à quel parti recourir pour engager un débat sérieux.

Si l'État intervenait pour revendiquer les biens en litige, le débat s'engagerait entre lui et la fabrique, et alors une de ces deux choses arriverait : la fabrique prouverait la prescription accomplie en sa faveur et elle garderait ses propriétés ; ou bien la preuve de la prescription ne serait pas fournie, et les propriétés passeraient entre les mains du domaine.

Mais la solution que nous avons rapportée dépouille en même temps l'État et les fabriques, sans que ni l'un ni l'autre aient fait valoir leurs moyens, et elle les dépouille au profit d'un individu dont l'unique mérite est d'avoir réussi à empêcher qu'on ne discutât le fond du procès.

S'il s'agissait de garantir réellement et efficacement les droits de l'État, celui-ci devrait être mis en cause ; à la vérité, nous ne voyons pas comment il pourrait l'être, puisqu'il veut rester en dehors de ces contestations et se déclare désintéressé. Mais si la chose était possible, on devrait le faire assigner, en chargeant de ce soin et de ces frais la partie qui allègue les droits de l'État. Ce serait justice, et ce serait aussi le moyen de mettre un terme à la comédie qui se joue devant les tribunaux, lorsque des plaideurs se cachent derrière l'État, pour enlever aux fabriques et à l'État lui-même les biens qu'ils convoitent. Certes, s'ils étaient obligés de mettre l'État en cause, avec la certitude de travailler uniquement pour le domaine s'ils sont écoutés, ou de n'arriver à aucune conclusion si l'État continue à fermer l'oreille, ils prendraient bien vite le parti de se tenir tranquilles.

Nous avons dit que sous prétexte de sauver les droits de l'État, on dépouille l'État en faveur de ces individus. On répondra peut-être que l'État n'est pas précisément dépouillé, puisque la décision rendue dans un procès où il n'est pas partie ne peut pas lui être opposée et ne l'empêche point de faire valoir ses droits.

Mais ce même raisonnement milite en faveur des fabriques. En leur adjugeant les biens qu'elles possèdent, on ne décide rien contre l'État ; on laisse l'État en dehors du procès, et on se borne à statuer qu'entre la fabrique et les individus qui l'attaquent, c'est la fabrique qui doit l'emporter, parce qu'elle a pour elle la possession, tandis que ses adversaires n'ont ni possession ni titres.

Or cette solution est celle que demandent toutes les règles du droit. Lorsque deux plaideurs se disputent une propriété, la mission des juges consiste à décider auquel des deux il faut donner la préférence. Les tiers intéressés qui n'interviennent pas ou ne sont pas mis en cause, ne sont comptés pour rien. A plus forte raison ne s'occupe-t-on pas d'eux lorsqu'ils déclarent formellement n'avoir rien à prétendre et vouloir rester étrangers à la contestation.

Il semble que cette marche soit encore mieux justifiée lorsque la fabrique invoque la prescription ; car si elle fournit la preuve d'une possession trentenaire, ce moyen ayant toujours et à l'égard de tous la même force, on ne saurait attendre aucune nouvelle lumière d'une discussion soutenue au nom de l'État, et par conséquent on est en mesure de porter un jugement en pleine connaissance de cause.

Venons maintenant à une autre difficulté qu'on élève contre les fabriques, relativement à la preuve de la possession.

Un individu est assigné pour se voir condamner à payer ce qu'il doit comme fermier d'un bien appartenant à une église. Il prétend n'être pas fermier mais propriétaire de l'immeuble. La question est de savoir s'il a possédé en son propre nom ou au nom de la fabrique. Cette dernière fournit ses preuves, parmis lesquelles figure un titre émané du défendeur lui-même, mais non enregistré.

La question de l'envoi en possession étant soulevée, comme de coutume, la fabrique répond qu'elle a prescrit contre l'État en possédant, depuis la révolution jusqu'à ce jour, par l'entremise de divers fermiers et, en dernier lieu, du fermier de qui émane le titre non enregistré.

On dit alors à la fabrique : vous prétendez avoir prescrit contre l'État; mais votre titre n'étant pas enregistré, votre possession a été clandestine; donc elle n'a pas pu servir de base à la prescription.

Cette objection serait peut-être difficile à résoudre, si l'État n'avait pas d'autre moyen que l'inspection des titres pour connaître la possession qu'une fabrique exerce par l'entremise de ses fermiers. Mais il y a pour les faits de ce genre d'autres éléments de publicité que l'enregistrement des titres. On sait ordinairement, dans une commune, au nom de qui un tel fermier détient un immeuble; et on se persuadera difficilement que lorsque ces faits sont assez notoires pour être constatés au moyen d'une enquête, l'État soit censé les ignorer. Est-ce que l'État n'est pas en position de savoir ce que tout le monde sait dans la localité où les biens sont situés?

Si l'État avait voulu revendiquer les biens conservés par les fabriques, il aurait donné des instructions à ses agents, et en très-peu de temps il aurait connu ces propriétés. Les rôles mêmes des contributions lui auraient appris la plus grande partie de ce qu'il voulait savoir. Mais il s'est abstenu de toute recherche, parce que, ainsi qu'il le déclare lui-même, il ne veut point disputer aux fabriques les débris de leur ancien patrimoine.

Du reste, il est à remarquer que dans la présente hypothèse les droits de l'État sont réellement et définitivement sacrifiés par une décision rendue contre la fabrique. En effet, si le fermier a possédé pendant plus de trente ans, et qu'il n'ait pas possédé au nom de la fabrique, la seule conclusion possible, c'est qu'il a, comme il le prétend, possédé pour lui-même et *animo domini*. Il a donc prescrit contre tout le monde, l'État non excepté. Ainsi, en soulevant, dans l'intérêt prétendu de l'État, la question de l'envoi en possession, il parvient à déposséder, en même temps et sans retour, l'État et la fabrique.

Dans ces circonstances, il est clair comme le jour que l'État n'a aucun intérêt, ni prochain ni éloigné, à voir admettre par les tribunaux les prétentions de la partie opposée à la fabrique. Si l'État pouvait gagner quelque chose dans cette lutte, il serait plutôt intéressé à ce que les biens demeurassent entre les mains de la fabrique, contre laquelle il pourrait peut-être les revendiquer sous quelque prétexte ; tandis qu'il n'aura point de raisons à faire valoir contre l'individu qui ayant eu pendant plus de trente ans la jouissance des biens contestés, sera déclaré les avoir possédés en son propre nom.

L'État étant donc désintéressé dans la question, et tellement désintéressé qu'on ne voit pas comment il pourrait l'être davantage, la décision prononcée contre la fabrique prend le caractère d'une peine qu'on lui inflige, peine ayant pour but et pour effet de mettre hors la loi les biens qu'elle a conservés, et de les livrer au premier individu qui voudra s'en emparer.

Nous supplions toutes les personnes ayant quelque influence sur ces décisions, d'examiner sérieusement si nous avons quelque loi autorisant l'application d'une peine si extraordinaire, et si, dans le silence de la loi, il est permis d'établir, par voie de jurisprudence, des pénalités, surtout lorsqu'il s'agit de pousser si loin la rigueur.

La jurisprudence, une fois fixée, se soutient par la seule force de l'habitude ; mais elle tire toujours son origine de quelque idée à laquelle il faut remonter pour se rendre compte de l'esprit qui l'anime.

Nous serions bien trompé, si la sévérité avec laquelle on

traite les fabriques ne découlait pas de cette idée qu'elles sont coupables de désobéissance aux lois, et en quelque sorte de rébellion, par cela seul qu'elles ont gardé des biens dont la confiscation avait été décrétée par les lois révolutionnaires.

Mais si l'on veut bien y réfléchir, on reconnaîtra :

1° Que cette *désobéissance*, si c'en est une, a été *amnistiée* par l'État, comme le dit M. le Directeur des Domaines.

2° Que les populations des diverses paroisses, pendant nos troubles civils, et les fabriques, depuis leur rétablissement, devaient nécessairement garder les biens de leurs églises, tant que le domaine ne les prenait pas pour lui.

3° Que cette obligation est encore plus évidente aujourd'hui que ces biens n'étant plus réclamés par l'État, les fabriques ne sauraient s'en dessaisir qu'au profit de gens avides du bien d'autrui.

Il semble donc que pour plusieurs raisons, et au moins en vertu de l'*amnistie* sus mentionnée, la raison d'État est désormais étrangère aux procès concernaut les anciennes propriétés des fabriques, et que tout se réduit à des questions de propriété ou de possession à résoudre, comme le dit M. le Directeur des Domaines, par les règles *du droit commun*. Nous n'en demandons pas davantage.

Du reste, il est à présumer et il faut espérer que le Gouvernement interviendra pour mettre fin au désordre. Un décret impérial a été rendu pour terminer toutes les contestations relatives aux forêts de notre île. Un autre décret pourrait sauver le patrimoine de nos églises. Celui qui fait les lois a le droit de les interpréter, ou par voie de mesure générale, ou en s'occupant spécialement des contrées pour lesquelles l'interprétation est nécessaire. Les attaques dirigées contre les biens d'église se multiplient dans notre pays et menacent de devenir générales. Le gouvernement en aura la preuve lorsqu'il le voudra. Si cet état de choses se prolonge, le temps présent sera, pour les églises de la Corse, une époque de honte, de scandale, et de ruine, une tache qui souillera nos annales et fera douter les générations à venir que notre île ait participé à l'ordre, à la tranquillité, au respect pour les choses saintes, en un mot aux plus précieux parmi les bienfaits dont la France est redevable au Gouvernement de l'Empereur.

2ᵉ Cas.

Une église paroissiale veut recouvrer des biens ou des droits qu'elle avait conservés jusqu'à ces derniers temps et dont elle a perdu la possession depuis plus d'une année.

Il arrive quelquefois, et peut-être même trop souvent, que les fabriciens ne réclament pas immédiatement contre les usurpations dont leur église est victime. Lorsqu'ils veulent se mettre en règle, le délai est expiré; la partie adverse possède depuis plus d'un an. La fabrique a perdu le droit d'intenter une action possessoire. Il faut donc qu'elle agisse au pétitoire; or, pour ces sortes de procès, il faut, généralement parlant, qu'on s'appuie sur des titres.

Beaucoup d'églises ont conservé dans leurs archives les actes qui constataient leurs droits, mais beaucoup d'autres les ont perdus. Faudra-t-il, parce qu'elles n'ont plus de titres, qu'elles renoncent à recouvrer ce qu'on leur a pris?

Il peut sans doute arriver que le dommage soit irréparable; mais quelquefois aussi les fabriciens auront les moyens d'intenter une action pétitoire, en s'appuyant sur la preuve testimoniale. Cette preuve est admissible :

1° Lorsqu'il y a un commencement de preuve par écrit, c'est-à-dire un acte par écrit, émané de celui contre lequel la demande est formée ou de celui qu'il représente, et qui rend vraisemblable le fait allégué. (Code civil, art. 1347.)

2° Lorsque les titres ont été perdus par suite d'un cas fortuit, imprévu, et résultant d'une force majeure. (Art. 1348)

Que les titres d'une foule d'églises aient péri par l'effet d'une force majeure pendant les troubles de la révolution et la désorganisation générale de l'administration des paroisses, c'est ce que personne n'ignore. Si donc on pouvait établir, au moyen de la preuve testimoniale, qu'il y avait jadis des titres constatant les droits de propriété d'une telle église sur un tel immeuble; si l'on avait conservé le souvenir d'un donateur ou testateur et de l'acte par lequel il avait donné à l'église telle ou telle autre propriété, la disparition des titres pendant la révolution ne serait pas un obstacle à l'action pétitoire intentée par la fabrique. Et le droit de l'église serait d'autant plus évident qu'il s'agirait, comme nous le supposons, de propriétés dont elle aurait toujours conservé la jouissance jusqu'à l'époque actuelle, et qu'elle aurait perdues depuis peu, par l'effet d'une usurpation ayant manifestement tous les caractères d'un véritable vol.

Mais, indépendamment des moyens que peut offrir le Code civil pour intenter une action pétitoire malgré la perte des titres, la législation spéciale concernant les biens d'origine ecclésiastique donnerait peut-être aux fabriciens de nouvelles facilités pour cette revendication.

Le décret du 30 décembre 1809, art. 36, comprend parmi les propriétés appartenant aux fabriques *les biens et rentes célés au domaine,* dont elles sont autorisées à se mettre en possession.

Que faut-il entendre par *biens célés au domaine?*

Ce sont *tous les biens ecclésiastiques qui n'auraient pas été inscrits sur les registres de la régie des domaines, ou dont cette régie n'aurait pas eu connaissance, ou dont elle n'aurait pas fait le recouvrement, ou ne l'aurait pas fait poursuivre par voie de contrainte, et serait dès lors censée en avoir ignoré l'existence.* (Avis du Conseil d'État des 18 déc. 1802 [27 frimaire an XI] et 30 avril 1807, cité par M. Affre, appendice, pag. 598, 5e édition, et par Dalloz, V° *Culte,* n° 560.

Les biens célés au domaine de l'État, quelle qu'en soit l'origine, peuvent être révélés au profit des fabriques. (Décision du ministre des finances du 6 août 1817 ; Affre, *ubi suprà*).

Ainsi tous les biens ecclésiastiques, sans distinction d'origine, qui n'ont pas été saisis par l'État, sont censés avoir été célés au domaine ; et les fabriques qui en font connaître l'existence peuvent obtenir que le Gouvernement les envoie en possession de ces propriétés. Une fois l'envoi en possession obtenu, elles peuvent revendiquer ces biens contre les tiers détenteurs, et l'exercice de cette faculté ne s'arrête qu'en présence d'un droit acquis par des tiers au moyen de la prescription.

Or, dans le cas que nous supposons, la prescription n'existe point. Les immeubles revendiqués par l'église ont été possédés par elle jusqu'à ces derniers temps ; pendant qu'elle possédait, nul n'a pu prescrire. Elle a perdu la possession depuis quelques années seulement ; ce délai ne suffit point pour mettre les nouveaux détenteurs à l'abri d'une action pétitoire. Le droit de propriété, relativement à ces immeubles, n'étant définitivement acquis à personne, le Gouvernement conserve le droit de prononcer l'envoi en possession, lequel devient pour l'église à qui on l'accorde, un véritable titre.

Non seulement l'église qui révèle le bien célé peut en obtenir l'envoi en possession, mais d'après une ordonnance du 21 août 1816, que cite M. Affre (Appendice, pag. 600), elle *a droit* à cet avantage (1).

_____

(1) « La marche à suivre par une fabrique pour rentrer en possession » d'un bien célé comprend les formalités suivantes :

» 1° Elle sollicite l'envoi en possession par une délibération bien mo-» tivée, et appuyée de renseignements et de preuves authentiques.

» Les renseignements consistent à indiquer, s'il s'agit d'un immeu-» ble : 1° sa situation et ses limites ; 2° la provenance, c'est-à-dire, la

En indiquant la nature des renseignements et des preuves que l'église doit fournir à l'appui de sa demande, M. Affre discute la question de savoir si les registres d'une église peuvent remplacer les titres perdus, relativement au re-

---

» nature de l'ancien établissement ecclésiastique propriétaire du dit
» bien ; 3o les détenteurs.

  » S'il s'agit d'une rente, ou de droits incorporels', il faut faire con-
» naître : 1o la provenance ; 2o les débiteurs.

  » 2o Lorsqu'il est constaté par ces renseignements que l'immeuble
» était un bien ecclésiastique ; que le détenteur, au moment de la vente,
» n'en était que le fermier ou locataire ; et que d'ailleurs il résulte des
» registres des ventes déposées à la préfecture ou dans les bureaux de la
» régie, qu'il n'a pas été vendu nationalement, le préfet peut prononcer
» l'envoi en possession, sauf au possesseur à prouver qu'il a des titres
» valables de propriété.

  » S'il s'agit d'une rente outre les renseignements sus-indiqués, il faut
» des preuves. Ces preuves sont : 1o des titres. Si le trésorier ne les a
» pas dans les mains, il s'informe s'ils n'existeraient pas chez quelque
» notaire ou chez des tiers. 2o A défaut de titres, il faut examiner s'il
» n'existe pas des sommiers, des comptes et autres preuves écrites. 3o A
» défaut de titres et de documents écrits, on peut recourir, dans certains
» cas, à la preuve testimoniale.

  » Telles sont les preuves à administrer pour établir qu'une rente est
» due à une fabrique, et elles suffiraient, à plus forte raison, pour des
» biens-fonds.

  » 3o La délibération de la fabrique sera communiquée au directeur
» des domaines, qui donnera son avis sur la nature du bien réclamé, à
» l'effet de savoir : 1o s'il est dans la catégorie de ceux qui ont été resti-
» tués ; 2o s'il n'en a pas été déjà disposé par un acte translatif du droit
» de propriété.

  » 4o Le préfet prononce, s'il y a lieu, l'envoi en possession ; son arrêté
» est soumis à l'approbation du ministre. Cette approbation suffit à la
» fabrique pour entrer en jouissance. (Avis du Conseil d'État du 22
» déc. 1806, approuvé le 25 janvier 1807.)

  » 5o Si la fabrique éprouve, soit de la part des détenteurs des biens,
» soit de la part des débiteurs de rentes, une opposition à l'exercice de
» ses droits, elle doit recourir aux tribunaux, après y avoir été autori-
» sé par l'autorité compétente. » (Affre, Appendice, pag. 600.)

couvrement des créances célées au domaine. Il pense, contre l'avis de plusieurs jurisconsultes, que l'affirmative n'est point douteuse, au moins pour ce qui regarde les registres antérieurs à la révolution ; et il s'appuie surtout sur une loi de l'an III, d'après laquelle la nation, représentant les individus et les corporations dont les biens étaient frappés de confiscation, pouvait réclamer les créances appartenant à ces communautés ou individus « lorsqu'aux in-
» dications résultant des registres, sommiers et carnets, on
» joindra soit la preuve testimoniale, soit des indices tirés
» de quelques actes publics dont on pourra conclure la légi-
» timité de la créance. »

Cette loi, qui ne paraît pas avoir été connue des jurisconsultes opposés à M. Affre, avait pour but d'assurer la spoliation des fabriques qui avaient soustrait leurs titres pour empêcher qu'ils ne tombassent entre les mains du gouvernement. Mais, quel que fût alors le dessein du législateur, comme la loi n'a pas été révoquée, les fabriques qui demeurent subrogées aux droits de l'État, peuvent en réclamer l'exécution.

Au reste, il ne s'agit point pour nous de rechercher et de découvrir des biens, rentes ou créances qui ayant appartenu aux églises, auraient été pris ou cachés à l'époque de la révolution, par des individus qu'on voudrait forcer aujourd'hui à restituer par eux-mêmes ou par leur ayant-cause.

Les affaires dont nous nous occupons ici sont d'un genre tout-à-fait différent. On n'aurait rien à rechercher ni à découvrir. De quelles investigations a-t-on besoin, lorsque les faits sont aussi évidents que la lumière du soleil ? Les propriétés dont nous parlons sont connues de tout le monde comme biens ecclésiastiques ; la même église qui les possédait sous l'ancien régime, a continué à les posséder depuis la révolution ; les registres anciens et nouveaux en font foi ; tous les habitants de la paroisse, depuis le premier jusqu'au dernier, peuvent en rendre témoignage ; si ce sont des biens productifs, on sait ce que l'église en a retiré jusqu'à une époque très-rapprochée de nous ; on connaît, pour ainsi dire, le jour et l'heure où le détenteur actuel, fort de son audace et de son impudence, s'en est emparé sans aucun titre ou avec un titre manifestement vicieux. S'il était interrogé lui-même sur l'origine de ces propriétés, toute son effronterie ne lui donnerait pas assez d'assurance pour soutenir publiquement que l'église ne jouissait pas de ces immeubles au moment où il s'en est saisi. On aurait, pour le convaincre d'usurpation, non seulement des témoins, mais la voix, la clameur de toute une population, et s'il devait subir un interrogatoire, il se trahirait lui-même.

Or, dans ces circonstances que l'administration peut connaître, soit par des renseignements demandés à l'autorité épiscopale, soit par les déclarations et les preuves diverses qu'on lui présente, soit par les informations qu'elle ferait prendre sur les lieux, elle n'a plus d'inquiétudes à concevoir sur la justice de l'envoi en possession ; elle peut le prononcer en sûreté de conscience ; car, d'une part, les biens en litige sont évidemment des propriétés ecclésiastiques échappées aux confiscations révolutionnaires ; d'autre part, ils ne sont pas encore passés entre les mains de personnes qui en soient devenues propriétaires aux yeux de la loi. Les droits de l'État, et, par suite, les droits de l'église qui révèle l'existence de ces immeubles, conservent donc toute leur force.

Il n'y a pas lieu ici à incidenter sur la nature des preuves fournies par l'église qui réclame. Pourvu qu'elles portent la conviction dans l'esprit de l'autorité qui doit prononcer l'envoi en possession, elles sont assez puissantes. Aucune loi n'exige en cette matière des preuves d'une nature déterminée. Tout ce qu'on lit dans la loi (décret du 30 décembre 1809) c'est que les fabriques peuvent être envoyées en possession des biens ecclésiastiques célés au domaine ; une ordonnance royale porte que l'envoi en possession doit être prononcé en faveur de l'église qui révèle les biens célés (1). Tout le reste ne se compose que d'instructions, d'avis et de circulaires. La seule loi qui ait statué sur ce sujet, celle de l'an III que nous citions tout-à-l'heure, se contente des indications résultant des registres, sommiers, etc., si elles sont unies à la preuve testimoniale ou à des indices tirés de quelques actes publics.

On remarquera d'ailleurs, et cette observation est très-importante, que l'envoi en possession accordé à la fabrique ne peut jamais nuire aux tiers détenteurs qui auraient pour eux un titre valable. Que fait l'État en accordant l'envoi en possession? Il cède ses droits à la fabrique, pour qu'elle les fasse valoir à ses risques et périls. S'il arrive donc que le tiers détenteur ait légitimement acquis les biens en litige, il repoussera la demande de la fabrique comme il aurait repoussé celle de l'État lui-même. Pour ce qui le regarde, l'envoi en possession ne sera qu'une mesure sans portée et sans résultat.

Mais à l'égard du tiers détenteur qui aurait volé les biens en question, et se serait flatté de les conserver uniquement parce qu'il croyait la fabrique hors d'état de se défendre, l'envoi en possession produira son effet. Il tiendra lieu de titre à l'église qui avait perdu les siens; l'usurpateur ne pourra plus se retrancher derrière la possession annale ; il sera forcé d'expliquer à quel titre il possède, et comme il n'a point d'autres titres que le vol, il devra lâcher prise et restituer à l'église ce qui lui appartient.

La difficulté, dans la présente hypothèse, serait d'obtenir l'envoi en possession. En effet, comme on l'a vu plus haut dans la lettre de M. le préfet de la Corse, M. le directeur des domaines pense que l'État n'a plus rien à voir dans les questions de propriété qui concernent les biens célés au

---

(1) Voir plus haut, page 91.

domaine et dont les fabriques avaient conservé ou recouvré la possession avant le 6 juin 1806; et il se fonde sur la circulaire du 27 juillet 1808, d'après laquelle on ne doit pas revenir sur les rentrées en possession effectuées par les fabriques avant le 6 juin 1806; d'où il résulte que les biens ainsi possédés ayant été abandonnés par l'État aux fabriques, ils ne peuvent plus être l'objet d'une mesure au moyen de laquelle l'État en disposerait de nouveau.

Si un nouvel envoi en possession pouvait être obtenu, ajoute M. le directeur des domaines, « le rôle de l'État ne » finirait jamais, et dans un siècle, éternellement, au moin- » dre trouble apporté à la possession ou à la propriété de la » fabrique, celle-ci pourrait, pour ainsi dire, appeler sans » cesse l'État en garantie, en réclamant sa maintenue en » possession. »

Il nous semble qu'on peut répondre victorieusement à ces objections. Mais afin qu'on ne nous accuse pas de nous mettre en contradiction avec nous-même, nous allons préciser notre pensée de manière à prévenir toute équivoque.

Nous persistons à soutenir, comme nous l'avons fait dans l'article précédent, que les fabriques *n'ont pas besoin* de l'envoi en possession pour défendre, contre les entreprises des tiers, les biens qu'elles possèdent encore. Mais nous disons que pour mieux assurer leurs droits sur ces biens qu'elles possèdent, et pour les mettre en état de revendiquer les biens dont elles ont perdu la possession, le Gouvernement peut leur accorder, *une fois*, l'envoi en possession qu'elles n'ont pas encore obtenu par un acte exprès et revêtu des formalités ordinaires. Nous disons que rien ne s'y oppose, que l'État ne peut rien y perdre, et qu'il ne court nullement le danger d'être appelé en garantie par les fabriques.

L'envoi en possession n'est pas une aliénation proprement dite, par suite de laquelle l'État soit assimilé à un vendeur et assujetti à toutes les obligations qu'entraînerait une vente ou tout autre contrat à titre onéreux. L'État avait confisqué les biens ecclésiastiques; par l'envoi en possession il les restitue ou à l'église qui en était propriétaire, ou à une autre église qui a pris la place de celle-là et la représente. Il transmet tous ses droits à la fabrique, mais celle-ci devra les faire valoir, comme nous le disions tout à l'heure, à ses risques et périls; si elle éprouve quelque perte, elle ne sera pas fondée à réclamer de l'État une indemnité comme si celui-ci était tenu à la garantie; elle ne pourra pas le mettre en cause, car il ne s'est engagé à rien envers elle, si ce n'est à lui abandonner les biens qu'elle réclamait et dont il était ou pouvait être réputé détenteur.

Ces principes sont exposés très-clairement dans un avis du conseil d'administration de l'enregistrement et des domaines, en date du 17 mai 1836. Nous allons transcrire en entier cette pièce importante :

« Le Conseil d'administration de l'enregistrement et des domaines ;

» Ouï le rapport du sous-directeur de l'administration chargé de la 4e division, dont le résumé suit :

» La fabrique de l'église de Lignières-Châtelain s'est adressée à M. le ministre des finances pour obtenir l'annulation d'un arrêté de M. le préfet de la Somme, du 6 novembre 1835, portant qu'il n'y a pas lieu de statuer sur la demande de cette fabrique, à fin *d'envoi en possession* de l'ancienne maison vicariale de Lignières-Châtelain, lequel arrêté a été motivé sur ce que, d'après la notoriété publique, la commune n'aurait cessé de jouir de ladite maison depuis 1792, et sur ce que, d'ailleurs, il ne pouvait pas y avoir lieu à envoi en possession au nom de l'État, puisque cette maison n'a jamais été entre les mains du domaine ;

» Un avis du Conseil d'État du 23 décembre 1806 a obligé les fabriques à se faire envoyer en possession des biens elle restitués. S'il peut paraître qu'un envoi en possession *de fait* ne soit pas à prononcer lorsqu'il s'agit, comme dans

7

l'espèce, d'un immeuble qui n'est pas et ne fut même jamais réellement aux mains du domaine, du moins est-il nécessaire que la fabrique soit reconnue apte à recouvrer des propriétés dont elle s'était trouvée dessaisie par la seule force du décret du 13 brumaire an 2, qui déclarait les biens des fabriques propriétés nationales ; c'est ce qui résulte d'une décision du 31 décembre 1829 ;

» Aucune objection ne peut être élevée contre la reconnaissance par l'Etat des droits de la fabrique à l'application, quant à la mesure dont il s'agit, des dispositions du décret du 8 novembre 1810, *puisqu'il est constant que cette maison était originairement maison vicariale de l'église de Lignières-Châtelain, que l'État ne l'a pas aliénée, et qu'il n'a cédé à des tiers aucun droit sur elle*. Mais cette reconnaissance des droits de la fabrique ne peut être prononcée qu'à la charge par elle de suivre à ses risques et périls sa réintégration, *sans garantie de la part de l'Etat* ;

» Est d'avis qu'il y a lieu, par M. le ministre des finances, en prononçant l'annulation de l'arrêté de M. le préfet de la Somme du 6 novembre 1835, de reconnaître que, conformément aux dispositions du décret du 8 novembre 1810, l'ancienne maison vicariale de l'église de Lignières-Châtelain était susceptible d'être restituée à la fabrique de cette église, et qu'il appartient à cette fabrique de suivre sa réintégration dans la propriété de ladite maison, par toutes les voies de droit, mais à ses risques et périls, et sans garantie de la part de l'État.

» Fait en Conseil d'administration lesdits jour et an, etc.

» Approuvé ce 28 mai 1836.

» *Le ministre des finances,*
» D'ARGOUT. »

Sur quoi nous ferons observer :

1° Que le long délai écoulé depuis la confiscation des biens ecclésiastiques n'est pas un obstacle à l'envoi en possession, alors même que l'église ne possède pas effectivement les biens par elle réclamés ; car les individus qui détiennent ces immeubles peuvent n'en avoir joui jusqu'à ce jour qu'à titre précaire ou dans des conditions qui ne leur ont pas permis de prescrire. C'est pourquoi nous voyons en 1836 l'Administration des domaines opiner pour un envoi en possession en faveur de la fabrique de Lignières-Châtelain. D'autres envois en possession ont été prononcés à des époques encore plus rapprochées de nous. En somme, le Gouvernement ne s'occupe pas des droits réels ou prétendus des tiers qui ne sont pas ses ayant-cause. C'est à eux de faire valoir leurs prétentions ; et comme l'envoi en possession ne leur porte aucun préjudice s'ils ont réellement des droits acquis, ils ne sont jamais considérés pour rien dans les affaires de ce genre qui se traitent entre l'État et les fabriques.

2° Que l'Administration des domaines se déclare désintéressée et consent à l'envoi en possession, pourvu qu'*il soit constant :*

Que le bien réclamé par la fabrique est d'origine ecclésiastique ;

Que l'État ne l'a pas aliéné et n'a cédé à des tiers aucun ' droit sur lui.

L'Administration des domaines ne demande pas autre chose, et en effet cela suffit pour mettre en sûreté les intérêts de l'État considéré comme administration fiscale.

3° Que, par l'envoi en possession, l'État ne s'oblige à aucune garantie. Il devrait en être ainsi quand même cette condition ne serait pas exprimée ; à plus forte raison l'État est-il déchargé de toute responsabilité, lorsque la clause est formellement énoncée ; et elle peut l'être dans tous les envois en possession que l'on prononce.

Or si l'État, d'après la doctrine qu'il professe, a le droit d'envoyer les églises en possession de leurs anciennes propriétés, soit qu'il les ait prises, soit qu'il n'en ait jamais joui ; si, d'autre part, il ne court absolument aucun risque en accordant l'envoi en possession, pourquoi se refuserait-il à une mesure si avantageuse pour les fabriques?

La renonciation tacite de l'État aux biens qu'une église possédait encore ou qu'elle avait repris avant le 6 juin 1806, ne donne pas à cette église tout ce qu'elle obtiendrait par l'envoi en possession. Ce qu'elle gagne par cette renonciation, c'est de n'être pas inquiétée par le gouvernement; mais elle demeure toujours exposée aux entreprises des tiers, entreprises contre lesquelles elle n'est pas suffisamment armée si elle n'a, pour les repousser, que l'action possessoire, et dont elle ne pourrait jamais se préserver, si on maintenait la jurisprudence qui regarde l'envoi en possession comme indispensable, même dans les cas où la fabrique jouit de la possession de fait.

Si l'on veut bien réfléchir sur la différence qui existe entre la renonciation tacite de l'État et l'envoi en possession, on comprendra que nous ne prétendons point imposer à l'État l'ennui d'un recours qui, pendant des siècles, viendrait solliciter son intervention en faveur des fabriques, sans qu'on pût prévoir le terme de ces réclamations. Nous disons seulement que la renonciation tacite du gouvernement n'empêche point une fabrique de solliciter l'envoi en possession, attendu que ces deux mesures n'ont pas le même caractère, qu'elles ne produisent pas les mêmes effets, et que la première ne peut pas tenir lieu de la seconde. Mais une fois l'envoi en possession obtenu, il est évident qu'on ne pourrait pas le solliciter de nouveau; on n'aurait même aucune raison pour former une semblable demande, puisque l'envoi en possession serait un titre permanent, inscrit sur les registres de la préfecture, et dont la fabrique pourrait toujours se procurer une copie authentique, si elle venait à perdre celle qui était déposée dans ses archives.

De cette même différence entre la renonciation tacite du gouvernement et l'envoi en possession, il résulte que l'État, par la renonciation susdite, n'a point perdu le droit d'envoyer les fabriques en possession des biens célés au domaine. Il a fermé les yeux sur des actes qui, selon sa manière de voir, étaient illégaux ; il n'a pas voulu en poursuivre l'annulation ; mais de cette tolérance, quelque étendus qu'en soient les effets, il ne s'ensuit pas que l'État n'ait plus le pouvoir de consacrer par un acte positif et dans les formes voulues par notre législation, l'abandon qu'il a déjà effectué par son silence. Le moindre motif suffit pour expliquer cette ratification expresse et officielle d'un fait accompli sans le concours direct du gouvernement.

Or les motifs existent ; il sont puissants et ils tiennent à des considérations très-élevées. Une fois arrivés à ce point de notre discussion, nous pouvons quitter l'administration des domaines, puisqu'elle se trouve hors de cause. Son rôle se borne en effet à défendre les intérêts du trésor. Dès que l'État n'a plus ni dommages ni embarras à redouter, la question à résoudre échappe, en quelque sorte, au contrôle de l'administration financière, et demande à être jugée par les principes d'ordre public dont le maintien et la défense sont confiés à la haute administration du pays.

En matière de biens ecclésiastiques, l'esprit de la législation qui a succédé aux confiscations révolutionnaires est un esprit réparateur, qui ne vise pas seulement à la restitution par l'État des biens par lui détenus, mais encore à la restitution, aussi complète que possible, des biens injustement détenus par des tiers. Les décrets et ordonnances relatifs aux biens célés au domaine en sont une preuve manifeste. Le législateur ne s'est pas borné à vouloir que l'État, pour l'acquit de sa conscience (qu'on nous passe cette expression), rendît lui-même ce qu'il avait pris, sans s'inquiéter des spoliations auxquelles il n'avait pas contribué. Il a eu des vues plus larges ; il a voulu reconstituer le patrimoine des fabriques, en réunissant dans leurs mains tous les débris de leurs anciennes propriétés, et réparer les atteintes portées à la religion, à la morale et à l'ordre public par le pillage des biens des églises.

A ce point de vue, les demandes d'envoi en possession formées par les fabriques méritent toute la faveur du gouvernement, soit qu'elles aient pour but de faire réprimer des usurpations déjà effectuées, soit même qu'elles tendent à prévenir ces sortes d'entreprises ; ce dernier cas serait celui d'une église qui ayant toujours conservé et conservant encore la paisible jouissance de ses anciennes propriétés célées au domaine, demanderait l'envoi en possession comme un titre qui lui tiendrait lieu de ceux qu'elle a perdus pendant la révolution. Nous ne verrions pas pourquoi sa demande serait repoussée. L'intérêt de l'église à obtenir cette mesure étant évident, et le droit de l'État à prononcer l'envoi en possession étant incontestable, où serait l'obstacle ? Et si jamais on éprouvait des hésitations, pourquoi ne consulterait-on pas le gouvernement en sollicitant de lui des instructions spéciales pour les fabriques de la Corse ? Qu'on veuille bien y réfléchir. Presque tous les biens que possèdent nos églises sont des propriétés célées au domaine, et il y en a dans le nombre qui commencent à acquérir une valeur considérable. Des forêts, des bois jusqu'ici négligés attirent maintenant l'attention des spéculateurs. Si la position des fabriques est régularisée, le profit sera pour elles. Dans le cas contraire, le vol et le gaspillage absorberont tout.

En terminant cet article, nous croyons devoir revenir sur le sens de ces mots *biens célés au domaine* qu'on a lus dans les pages précédentes.

L'État est censé avoir ignoré l'existence de ces biens ; mais il ne faudrait pas en conclure que la possession des individus ou des établissements qui les détiennent doit être réputée clandestine et ne peut pas servir de base à la prescription. La fiction légale dont il s'agit ici ne va pas si loin. Elle n'empêche pas la possession des détenteurs d'être ce qu'elle est

réellement, paisible, publique, etc. Encore moins produi-
rait-elle cet effet à l'égard des fabriques, dont la possession
n'a jamais pu être clandestine. L'État peut avoir ignoré
qu'un tel individu détenait un bien d'origine ecclésiastique;
mais il a eu toujours les moyens de savoir si une église conservait ses anciennes propriétés. Si l'on voulait regarder
cette possession comme clandestine, on serait forcé de soutenir que ces biens sont imprescriptibles, non-seulement
pour les fabriques; mais encore et à plus forte raison pour
les tiers détenteurs.

L'effet de la fiction légale d'après laquelle l'État *est censé
avoir ignoré,* etc., consiste donc uniquement en ce que
l'État *représenté par les fabriques* a le droit de revendiquer ces biens par une action pétitoire, jusqu'à l'époque où
l'action s'éteint par la prescription.

Nous disons l'*État représenté par les fabriques*, parce
qu'en effet les décrets et ordonnances relatifs aux *biens célés au domaine* ont été rendus dans l'intérêt exclusif des
fabriques. Nous ne connaissons pas une seule disposition
législative qui donne à l'État le droit de revendiquer pour
lui-même les biens célés. Nous n'avons pas appris non plus
que l'État ait jamais exercé une seule revendication de ce
genre. Il nous semble donc évident que les dispositions relatives aux biens célés peuvent être invoquées au profit des
fabriques et ne doivent jamais être tournées contre elles.

3ᵉ Cas.

*Une église paroissiale plaide pour conserver des biens
ecclésiastiques, lesquels ayant été aliénés par l'État,
ont été rachetés et remis à la fabrique.*

Ce cas s'est présenté dans plusieurs paroisses de notre
île. Lors de la vente des biens nationaux, les habitants de
ces localités, ne voulant pas permettre que leurs édifices

sacrés ou les biens destinés à les entretenir devinssent la proie des spéculateurs, se cotisèrent, rachetèrent à frais communs les édifices ou les biens, et continuèrent de les affecter, autant que possible, à l'usage auxquels ils avaient servi précédemment. C'est ainsi qu'on a sauvé plusieurs couvents et conservé au culte les églises qui en faisaient partie.

Les règles relatives à l'envoi en possession ont été si mal comprises, ou bien on s'est cru tellement obligé à suivre ce que l'on croyait être la jurisprudence des tribunaux, qu'on a eu recours au Gouvernement pour obtenir que des fabriques fussent envoyées en possession de biens appartenant à cette catégorie. C'était encore un effet de l'erreur capitale que nous avons déjà signalée. Au lieu de regarder l'envoi en possession comme un acte par lequel l'État devait se dessaisir des biens dont il était possesseur réel ou supposé, on l'a considéré comme une formalité sans laquelle aucun bien d'origine ecclésiastique ne pouvait plus rentrer dans le patrimoine des églises, quelles que fussent d'ailleurs les mains où il était tombé. La qualité d'ancienne propriété ecclésiastique était donc pour ces biens une sorte de tache originelle, qui, sans nuire au commun des acquéreurs, empêchait les églises de recouvrer ces immeubles, tant qu'elle n'était pas effacée par un acte du Gouvernement.

On aurait dû réfléchir que les lois et la jurisprudence n'ont point de mystères, et que lorsqu'on arrive, en les interprétant, à des conclusions dont les motifs sont incompréhensibles, il faut nécessairement qu'on ait mal raisonné. Voici ce qui est en même temps très-clair et très-certain : au moyen de l'envoi en possession, l'État cède aux fabriques les biens qu'il avait pris et retenus. Mais il ne peut pas céder ce qu'il n'a pas, ce qui ne lui appartient plus à aucun titre, ce qu'il a déjà vendu. Donc il ne peut transférer à personne la propriété de ces biens par lui aliénés; il ne peut les donner ni aux fabriques, ni à qui que ce soit; et s'il ne peut pas les donner, on ne peut pas et on ne doit pas les lui demander.

Ainsi, dans l'hypothèse actuelle, il ne peut pas être question d'envoi en possession. L'État est tout-à-fait en dehors de la question qui s'agite; elle lui est étrangère et il ne peut pas y intervenir.

Il reste à savoir quelle est, en elle-même, la position de l'église pour laquelle on plaide.

Dans quelques paroisses, les biens rachetés ont été cédés à la fabrique par un acte portant la signature de ceux qui agissaient au nom de la population. Cet acte doit produire son effet, quelle que soit la forme dont il est revêtu. Que la fabrique n'ait pas été autorisée par l'autorité compétente à faire cette acquisition, qu'on n'ait pas rempli les formalités voulues par les lois, décrets et ordonnances, cela ne change rien à la situation respective des parties. Les fabriques sont assimilées aux mineurs et autres incapables, en ce sens que si les contrats où elles figurent sont nuls faute d'autorisation, elles seules peuvent invoquer la nullité, à l'exclusion de l'autre partie contractante. Cette nullité n'a été introduite que dans l'intérêt des individus ou des établissements soumis à une tutelle; quant aux personnes avec lesquelles ils ont contracté, elles n'ont point le droit de revenir sur des conventions qu'elles ont arrêtées librement et volontairement. Encore moins la nullité peut-elle être invoquée par des tiers entièrement désintéressés dans le contrat, et dont le rôle consiste uniquement à chercher des chicanes pour dépouiller la fabrique de ce qu'elle possède.

Supposons donc qu'une fabrique, munie d'un contrat de ce genre, soit obligée de plaider pour la conservation de ses droits.

A-t-elle pour adversaires les signataires de l'acte par lequel elle a été investie de la propriété des biens rachetés? Elle peut, en vertu de cet acte même, les réduire au silence. Les clauses qu'il contient sont une loi à laquelle ils se sont soumis et dont ils ne peuvent pas s'affranchir en arguant de la nullité de la convention. Ce moyen d'éluder leurs engagements leur étant interdit, c'est sur le fond même de l'affaire que doit porter la discussion. S'il y avait doute sur le sens que présente l'acte de cession, il faudrait embrasser de préférence l'opinion favorable à la fabrique. En effet, et c'est une chose bien essentielle à remarquer, les personnes dont il s'agit n'ont été que des agents chargés par la population de remettre à l'église les biens qu'on avait rachetés pour elle. Ils n'auraient pas pu, sans trahir leur mandat, sans se rendre coupables d'un abus de confiance, restreindre l'effet de cette restitution en s'attribuant quelques droits à eux-mêmes. Les conventions qu'ils ont signées doivent donc être interprétées de telle sorte que la cession faite à la fabrique ait son plein et entier effet.

Du reste, ces contrats ayant tous, à ce que nous croyons, plus de trente ans de date, l'interprétation qu'il faut leur donner sera déterminée par le mode de possession que la fabrique a exercé pendant cet intervalle. Si la possession elle-même ne présentait pas un caractère exempt de toute incertitude, il faudrait remonter jusqu'à l'acte de cession et l'interpréter selon les règles que nous avons indiquées.

Nous parlons toujours, comme il est aisé de le comprendre, du cas où la fabrique aurait pour partie adverse les signataires mêmes de l'acte de cession. Si elle n'avait affaire qu'à des tiers, elle les repousserait sans peine et presque sans discuter.

Vous prétendez vous approprier les biens dont jouissait une église; vous faites des entreprises, des usurpations sur ces propriétés, et lorsque la fabrique réclame, vous objectez qu'elle n'a point qualité pour réclamer, attendu qu'elle n'a pas acquis d'une manière régulière les biens en litige, qu'elle n'avait point d'envoi en possession, ou bien point d'autorisation, etc. Mais vous, qui êtes-vous? Quel titre invoquez-vous? Comment justifiez-vous vos prétentions? Votre cou-

duite n'est-elle pas celle d'un malhonnête homme ? Et votre
façon de raisonner n'est-elle pas doublement absurde, au
point de vue de la conscience et au point de vue légal ?

Vous dites : la fabrique n'a pas acquis régulièrement les
biens en litige. Soit. Qu'est-ce que cela prouve en votre faveur? Auriez-vous, par hasard, le droit de prendre pour vous
tous les biens dont les possesseurs n'ont pas entre les mains
des contrats en bonne et due forme? Ce serait une curieuse
découverte. Sachez donc que le possesseur d'un immeuble
peut vous en chasser aussitôt que vous y mettez le pied, et
cela en vertu de la seule qualité de possesseur, sans avoir
aucun compte à vous rendre sur l'origine de sa possession ;
en sorte que si vous n'avez point de titres à invoquer contre
lui, vous êtes absolument incapable de lui disputer la moindre parcelle de ce qu'il détient.

Sachez que si sa possession, au lieu d'être simplement
annale, a duré pendant plus de trente ans, vos titres mêmes,
si vous en aviez, vous deviendraient complétement inutiles.
Sachez en outre que l'acte de cession passé en faveur de la
fabrique par les individus qui ont racheté les biens en litige, serait toujours, malgré ses défauts, un titre très-suffisant
contre vous qui n'avez rien à voir dans cette affaire. Sachez
enfin, comme nous le disions tout à l'heure, que le défaut
d'autorisation pour l'acte dont il s'agit n'aurait conféré qu'à
la fabrique seule le droit de faire annuler la convention ;
cela ne vous regarde point et vous n'avez pas le droit de
vous en occuper. C'est donc vous qui élevez des prétentions
impertinentes; c'est vous et non pas la fabrique qui êtes
sans qualité pour soutenir une contestation de ce genre,
et c'est vous qui devez être éconduit lorsque vous vous
présentez devant les tribunaux sans autre titre que votre
effronterie et le désir que vous éprouvez de vous approprier le bien d'autrui.

Voilà ce qu'on doit répondre à des gens de cette sorte.
En plaidant contre eux, il ne faut pas entrer en discussion

sur la valeur de l'acte qui a rendu à la fabrique ses anciennes propriétés. Ce serait s'écarter du droit chemin et prêter le flanc à toutes les chicanes. Il faut sommer ces individus de produire leurs titres, en leur faisant observer que s'ils n'ont ni titres ni possession, leurs prétentions n'ont rien qui les recommande à l'attention du tribunal et ne méritent pas même d'être examinées.

Il faudrait se régler sur les mêmes principes, si les biens rachetés avait été remis à la fabrique sans que cette cession fût constatée par un acte portant la signature des parties contractantes. Le raisonnement que nous faisions tout à l'heure serait parfaitement applicable à l'hypothèse actuelle. La fabrique n'a point de comptes à rendre sur l'origine de la possession qu'elle a exercée. Quelle que soit la manière dont elle a recouvré ses anciennes propriétés ou acquis des biens qui ne lui avaient jamais appartenu, elle peut fermer la bouche à ses adversaires en leur disant :

J'ai pour moi une possession qui réunit toutes les qualités voulues par la loi ; je possède, et par cela seul que je ' possède, je dois être maintenue dans ma jouissance, tant qu'on n'a point de titres à m'opposer. Or vous n'avez pour vous ni possession, ni titres valables ; donc vous ne pouvez paraître devant les tribunaux que pour être condamnés.

§ III.

DIFFICULTÉS RELATIVES AUX CHAPELLES ET ORATOIRES.

On trouve en Corse une foule d'oratoires ou de chapelles appartenant soit à des confréries, soit à la population des hameaux où ils sont situés. Ce sont des églises publiques, construites et entretenues aux frais de la population. Aucun particulier ne peut en revendiquer la propriété.

Ces oratoires et chapelles ont des dépendances ou des biens sur lesquels la cupidité de plusieurs s'exerce beaucoup

plus facilement que sur les oratoires et les chapelles mêmes. On s'emparera rarement de la chapelle pour l'employer
à des usages profanes ; pour peu qu'elle soit fréquentée, la
résistance des populations ne permettra pas cet envahissement ; mais les usurpateurs rencontreront beaucoup moins
d'obstacles lorsqu'ils voudront acquérir des servitudes sur
la chapelle et ses dépendances, ou s'approprier les biens qui
lui appartiennent.

Une usurpation de ce genre venant à être commise, y au-
ra-t-il quelque moyen de la réprimer ? Se trouvera-t-il quelqu'un qui ait le droit de se présenter devant les tribunaux
pour défendre les intérêts de l'oratoire ou chapelle et empêcher que ses biens ne soient mis au pillage ?

On voit immédiatement toute l'importance de cette question. Les oratoires des villes sont de véritables églises, très-
fréquentées pour la plupart, bâties, ornées et entretenues au
prix des sacrifices continuels que s'impose la piété des fidèles. Les oratoires appartenant aux confréries des villages ne
servent guères qu'aux confréries elles-mêmes, mais ce sont
aussi des églises publiques et comme des dépendances des
églises paroissiales à côté desquelles elles s'élèvent. Les
chapelles sont situées presques toutes dans des paroisses
composées de différents hameaux ; l'église paroissiale, iso-
lée, ou placée dans un des hameaux, n'étant pas toujours
d'un accès facile pour toutes les fractions de la paroisse, un
grand nombre de hameaux ont leur église particulière où
l'on célèbre la sainte Messe plus ou moins fréquemment.
Dans plusieurs localités, le curé dessert l'église paroissiale,
tandis que le vicaire établi dans un autre hameau, célèbre
ordinairement dans l'église que renferme le lieu de sa rési-
dence.

Il y a des chapelles desservies par des chapelains et dans
lesquelles tout se fait comme dans les églises paroissiales, à
l'exception des cérémonies qui exigent l'intervention du curé ;
et même sous ce dernier rapport la chapelle tient lieu assez

souvent d'église paroissiale, car le curé s'y transporte pour épargner à une partie de ses paroissiens les embarras du déplacement.

Tous ces édifices ont été élevés dans un but d'utilité publique ; quel que soit l'aspect sous lequel on les envisage au point de vue des théories légales, ils appartiennent à des populations qui ne sauraient en être privées sans un dommage plus ou moins considérable. Et lorsque nous disons que les *populations* ont intérêt à les conserver, nous entendons parler des générations à venir aussi bien que de la génération présente. Si, par extraordinaire, la génération actuelle était indifférente à leur conservation, son indifférence ne lui donnerait pas le droit de les abandonner à la rapacité des usurpateurs. Il y a ici un intérêt public, lequel est permanent de sa nature et mérite d'être protégé. Ce que nous disons des églises, il faut le dire également de leurs biens et revenus. Tout ce que les églises retirent de leurs propriétés est autant d'épargné pour la population qui, à défaut de ces ressources, serait obligée de faire elle-même les frais qu'exige la conservation des édifices et l'entretien du culte ; et comme ce sont en général les pauvres qui se chargent de ces contributions volontaires, ce sont aussi les pauvres qu'on dépouille et qu'on rançonne en dépouillant les églises.

En vain nous objecterait-on que les oratoires et chapelles ne sont pas nécessaires et que la population peut s'en passer. Il n'y a rien de plus faux et de plus misérable qu'un pareil raisonnement. Admettons pour un instant que les établissements en question ne soient pas nécessaires. S'ensuit-il de là que chacun ait le droit de mettre leurs biens au pillage ? Qui ne voit, d'ailleurs, que sans être absolument nécessaires, ces petites églises peuvent être utiles aux localités qui les possèdent ? Et à qui appartiendra-t-il d'apprécier leur utilité, si ce n'est aux fidèles assistés par l'autorité ecclésiastique ? Sur ce point, il n'y a pas de meilleurs juges que les habitants eux-mêmes ; or les dépenses qu'une po-

pulation a faites pour la fondation et l'entretien de ses oratoires ou chapelles sont une preuve manifeste du prix qu'elle
attache à leur existence.

Telle est la réalité des choses ; il nous a paru convenable
de la mettre en évidence, afin de montrer dès le commencement comment on doit envisager la question, au point de
vue de ces principes d'équité, d'ordre et de moralité publique auxquels on doit toujours avoir égard, et qui dominent
de toute leur hauteur les questions de chicane et de procédure. La légalité n'est souvent qu'une fiction ; que les fictions légales doivent être respectées lorsqu'il n'y a pas
moyen d'échapper à leur empire, nous le reconnaissons volontiers. Mais il faut qu'on les renferme dans des limites
très-étroites ; hors de là, elles ne serviraient qu'à fausser
l'application des lois, à troubler le cours de la justice et à
favoriser le triomphe de l'iniquité.

Un oratoire, une chapelle seront victimes d'une usurpation. Les fabriciens de la paroisse auront recours aux tribunaux. Sera-t-on autorisé à leur dire : l'oratoire, la chapelle
que vous voulez protéger n'a point d'existence légale ; vous
n'en êtes point, légalement parlant, les administrateurs ;
donc vous n'avez point qualité pour soutenir ce procès. Aura-
t-on le droit de leur tenir ce langage ?

Déclarer qu'une des parties contendantes n'a point qualité pour soutenir le procès, en d'autres termes, qu'elle n'a
rien à voir dans l'objet de la contestation, c'est déclarer implicitement que d'autres personnes ont la qualité, le droit
qu'on lui refuse ; c'est déclarer que les biens en litige doivent être gardés par la partie à qui l'on donne gain de cause, ou qu'ils peuvent être revendiqués par des individus,
lesquels n'étant point parties au procès, auraient des droits
à faire valoir sur les biens susdits. Le jugement rendu contre la partie qui n'a point *qualité*, a pour but de protéger
les droits d'un propriétaire ou possesseur quelconque, dont
la position est ou pourrait être plus favorable aux yeux de

la loi que celle de la partie à qui on refuse *la qualité*. En un mot, il y a toujours, au fond d'un jugement de ce genre, l'intention de faire respecter le droit de propriété en quelques mains qu'il se trouve. Si les juges ne connaissent point le véritable propriétaire, ils supposent qu'il y en a un, et c'est lui qu'ils entendent protéger en repoussant les prétentions de la partie qui n'a point *qualité*.

Rien de semblable n'existe et ne saurait exister dans l'hypothèse qui nous occupe. Les juges ne peuvent se faire aucune illusion. La décision qui mettra les fabriciens hors de cause n'aboutira jamais qu'à favoriser le vol et le brigandage, et ce résultat sera si clair que l'esprit de rapine n'aura jamais reçu un plus puissant encouragement.

Or la mise en vigueur d'un pareil système serait une chose si étrange et si déplorable, qu'avant de s'y résigner il faut avoir reconnu l'impossibilité absolue où l'on est de juger autrement. Pour peu que les juges aient une certaine latitude, et qu'il leur soit permis de faire pencher la balance du côté où se trouvent les principes de l'éternelle justice et de la religion, ils n'aimeront pas mieux que de fermer aux ravisseurs du bien d'autrui cette large voie où ils se précipiteraient avec tant d'ardeur. Combien de fois la jurisprudence n'a-t-elle pas expliqué les lois de manière à corriger leurs défauts et à combler leurs lacunes? Combien de fois les idées dominantes à certaines époques n'ont-elles pas fait irruption dans la jurisprudence, bien qu'elles fussent étrangères à l'esprit qui avait dicté les lois, et non moins étrangères, peut-être, aux principes de l'équité naturelle? Comment donc la jurisprudence serait-elle impuissante à écarter des désordres que la loi n'a pas voulu consacrer et qui s'abriteraient uniquement derrière une interprétation trop judaïque des décrets et règlements rendus sur ces matières?

Pour mettre plus de clarté dans notre discussion, nous diviserons ce paragraphe en trois articles.

Le premier contiendra des réflexions générales sur les

églises non reconnues par le gouvernement ; nous parlerons, dans le second, des oratoires et de leurs biens, et, dans le troisième, des chapelles et de leurs propriétés.

ARTICLE 1er.

Quelle est la valeur de l'argument tiré de ce que certaines églises n'ont point d'existence légale ?

Lorsque des fabriciens plaident pour la conservation des droits d'une chapelle ou oratoire, on leur objecte que ces sortes d'églises ne sont point reconnues par le gouvernement. On voudrait prouver par là que les fabriques ne peuvent intervenir à aucun titre dans les affaires des chapelles, que celles-ci sont dépourvues de tout moyen de défense, et même qu'elles ne méritent pas d'être défendues, n'étant ouvertes au culte que par une espèce de contravention aux lois actuellement en vigueur.

Nous commencerons par faire observer que les églises se divisent en quatre catégories :

1° Les églises paroissiales, et les chapelles vicariales ou communales ; ces chapelles ont un territoire propre et un conseil de fabrique ; elles sont dispensées de concourir aux dépenses de la cure ou succursale dont elles dépendent ; elles peuvent recevoir des dons et legs, et la commune dont elles font partie est obligée, le cas échéant, de pourvoir à leurs dépenses. La seule différence essentielle entre ces cha_ pelles et les succursales consiste dans le traitement alloué aux prêtres qui les desservent.

2° Les annexes ; ces églises sont entretenues au moyen des souscriptions volontaires des habitants, lesquelles sont rendues exécutoires par l'homologation et à la diligence du préfet. Les annexes n'ont point de conseil de fabrique et ne sont point dispensées de concourir aux dépenses de la cure ou succursale ; elles ne peuvent rien exiger de la commune ;

8

elles peuvent être l'objet de donations ou fondations dont les revenus leur soient exclusivement applicables, mais leurs biens sont administrés par le conseil de fabrique de la paroisse dont elles dépendent.

En règle générale, chaque annexe est desservie par un vicaire ou chapelain qui administre les sacrements aux fidèles de sa circonscription. Mais lorsque les prêtres ne sont pas assez nombreux pour qu'on puisse en attacher un à chaque annexe, on charge un des succursalistes voisin de desservir à la fois sa paroisse et l'annexe, au moyen du binage. Dans ce cas, l'annexe est appelée *de 2ᵉ classe*. (Voir ANDRÉ, *Législation civile ecclésiastique* vᵒ *annexe*.)

3ᵒ Les chapelles de secours légalement autorisées; elles n'ont point d'existence distincte et séparée de la paroisse, point de conseil de fabrique, point de prêtre qui leur soit spécialement attaché. On les assimile aux chapelles intérieures de l'église paroissiale. Elles peuvent recevoir des dons et legs, mais ces dons et legs sont acquis à l'église paroissiale, sauf l'exécution de la volonté des donateurs ou testateurs. La commune est obligée de pourvoir aux dépenses de la chapelle aussi bien qu'à celles de l'église paroissiale.

4ᵒ Toutes les églises dépourvues d'existence légale, églises et chapelles de monastères, oratoires de confréries, chapelles de toute sorte, etc.

Les églises de cette dernière catégorie, n'étant point reconnues par le Gouvernement, sont privées des avantages et des prérogatives qui dérivent uniquement du titre légal; mais en demeurant confondues parmi les propriétés ordinaires, elles ont droit, en cette qualité, à la protection des lois et des tribunaux.

Ainsi les églises de ce genre ne seront pas exemptes du paiement des impôts, ni des servitudes que la loi autorise de particulier à particulier (1); elles ne seront pas imprescripti-

(1) Les églises et autres édifices publics ne peuvent pas être grevés des

bles ; elles n'auront pas un conseil de fabrique à elles propre ;
elles ne pourront recevoir, directement, ni dons ni legs ; elles
n'auront aucune subvention à prétendre de la commune ;
tous ces droits leur manqueront parce qu'elles n'ont point
l'existence légale à laquelle ils sont toujours attachés.

---

servitudes que la loi autorise de particulier à particulier. La faculté accordée, par l'art. 661 du Code civil, au propriétaire joignant un mur,
de le rendre mitoyen en payant la moitié de la valeur, ne s'étend pas au
cas où ce mur dépend d'un édifice public hors du commerce. (Arrêt de
la Cour de Toulouse du 13 mai 1831.)

De ce principe, combiné avec celui d'après lequel on ne peut rien
acquérir par prescription au détriment des édifices qui sont hors du
commerce, il résulte qu'un conseil de fabrique a toujours le droit de
demander la démolition des bâtiments et ouvrages qu'on aurait abusi-
vement adossés à une église, quand même ils existeraient depuis plus
de trente ans.

« Dans le cas où le sol qui tient à l'église et la touche immédiatement
» serait une propriété privée, le maître du terrain doit laisser à l'église
» les jours nécessaires. Mais à quelle distance doivent êtres les édifices
» du propriétaire, pour que les jours nécessaires à l'église soient répu-
» tés suffisants ?

» Il faut distinguer entre le droit de l'église provenant de la prescrip-
» tion et celui qui résulte de la destination du père de famille.

» Si l'église est déjà en possession depuis un temps suffisant pour
» avoir acquis la servitude par prescription, c'est-à-dire depuis trente
» ans, elle a droit à ce que le propriétaire ne bâtisse pas à moins de six
» pieds de distance. C'est ainsi que l'ont décidé deux arrêts de la Cour
» de Cassation des 23 avril 1817 et 24 juin 1823. (Malgré ces deux ar-
» rêts, le droit de l'église serait sujet à contestation, à ne considérer que
» la disposition des tribunaux à l'égard des fabriques). L'ancien droit
» était plus favorable aux églises. Il résulte de la loi 9, au Digeste, *de*
» *œdificiis privatis*, que si quelqu'un est dans l'intention de bâtir sur
» un terrain limitrophe des édifices publics, il lui est enjoint de laisser
» entre les édifices et sa construction un espace de quinze pieds. Nos
» auteurs, appliquant cette loi aux églises et aux chapelles publiques,
» étaient unanimes pour exiger la même distance. » (Affre, pag. 139.)

Les auteurs qui traitent de ces matières font observer que les conseils
de fabrique se rendent très-coupables et violent un de leurs principaux

Mais ces églises, une fois assimilées à toutes les autres propriétés privées, ne seront pas d'une pire condition que les biens ordinaires; elles pourront avoir un ou plusieurs maîtres qui aient le droit d'en jouir et de se faire maintenir en possession par les tribunaux, à l'exclusion de tout individu qui tenterait de se les approprier par la ruse ou la force. Elles pourront avoir pour maître et propriétaire une église paroissiale représentée par son conseil de fabrique; elles lui appartiendront aussi bien que les maisons, vignes, champs et autres immeubles que les fabriques sont autorisées à posséder, à l'instar de tous les autres établissements publics. La fabrique, légalement parlant, pourra faire de ces églises tout ce que bon lui semblera; elle pourra aussi, avec le consentement et le concours de l'autorité ecclésiastique,

devoirs lorsqu'ils permettent aux voisins d'ouvrir des jours sur les cours et jardins des presbytères ou sur les processionnaux, c'est-à-dire sur le terrain par lequel on circule autour des églises (Voir ANDRÉ, V° *Servitudes*); et ils citent à ce sujet la circulaire ministérielle que nous avons mentionnée plus haut, pag. 25.

Nous n'avons pas besoin de démontrer qu'il convient, sous tous les rapports, de ne pas laisser établir de pareilles servitudes. La chose est assez évidente par elle-même, surtout lorsque le terrain qui entoure l'église est tellement resserré qu'on ne saurait bâtir sur la limite sans que l'église demeure obstruée. En s'opposant à l'ouverture des jours, on oblige le voisin à reculer ses constructions; ce sont deux mètres d'air et de lumière que l'on gagne pour l'édifice sacré. On évite en outre l'inconvénient d'avoir, à une très-petite distance, des fenêtres d'où les voisins peuvent regarder dans l'intérieur de l'église et être vus des fidèles qui s'y trouvent rassemblés. Cette disposition des lieux, là où elle existe, peut occasionner des inconvénients et donner naissance à des abus très-répréhensibles.

Ni la foi ni la piété ne sont indispensables pour faire apprécier la justesse de cette observation; le sentiment des convenances doit suffire. Et nous parlons ici de toutes les églises, même de celles qui ne sont point légalement reconnues, car aux yeux de la religion, il n'y a point de différence entre les unes et les autres.

les faire servir au culte divin ; et lorsqu'une chapelle conservera ainsi son ancienne destination, on ne sera pas autorisé à prétendre que n'ayant point d'existence légale, elle ne peut pas dépendre de la cure et être régie au temporel par la fabrique de la paroisse. Ce raisonnement croulerait par la base, car il ne s'agit point ici d'attribuer à l'église en question une existence quelconque avec une simple dépendance qui la rattache à l'église paroissiale. Il s'agit tout simplement d'adjuger à la fabrique, considérée comme propriétaire, l'église ou chapelle considérée comme un simple édifice, avec les biens de l'église ou chapelle, en tant qu'ils sont devenus propriété de la paroisse. Que dans la chapelle dépourvue de titre légal on célèbre l'office divin ou qu'on y fasse autre chose, peu importe au point de vue de la loi ; l'exercice du culte pourrait cesser dans la chapelle sans que pour cela elle changeât de propriétaire ; elle appartiendrait toujours à la fabrique.

Nous savons très-bien que la question ne se présente pas toujours sous une forme aussi précise et avec un caractère d'évidence rigoureuse. D'un côté, la transmission à la fabrique des droits qui appartenaient jadis à l'église dépourvue d'existence légale pourra paraître contestable ; de l'autre côté, il sera certain que la fabrique ne possède pas la dite église et ses biens comme des propriétés ordinaires dont elle disposerait à son gré en les employant à tel usage qu'elle jugerait convenable. Néanmoins la fabrique n'agira qu'en vertu d'un droit de propriété dont elle se croira investie par la loi et qu'elle voudra faire reconnaître par les tribunaux ; elle ne prétendra point que les églises non reconnues ont une *existence légale*, mais elle les regardera comme des propriétés d'un genre particulier dont elle seule doit avoir l'administration.

Voyons maintenant comment il faut envisager, moralement parlant, la situation des églises et chapelles dépourvues d'existence légale. Sont-elles dignes de quelque faveur, ou bien leur existence est-elle une infraction aux lois, une chose blâmable et dont l'autorité administrative ou judiciaire ne doit jamais s'occuper que pour se prononcer contre elle?

Les adversaires des églises, ou pour mieux dire les amateurs des biens des églises, sont grands partisans de ce dernier système; mais il n'est pas plus légal qu'il n'est juste et raisonnable.

Non-seulement l'autorité publique ne peut pas proscrire en masse les églises dépourvues d'existence légale, mais elle doit les tolérer, et elle les tolère, en effet, sauf les exceptions motivées par des circonstances extraordinaires. Aussi rien n'est plus connu en France que la dénomination d'églises ou chapelles *de tolérance* donnée aux édifices religieux qui n'ont point de titre légal (1).

Ériger légalement toutes les églises, oratoires et chapelles de l'Empire, ce serait une entreprise peu nécessaire en elle-même, et très-difficile pour les administrations religieuses non moins que pour l'État. Nous disons *peu nécessaire en elle-même*, parce que notre législation, bien entendue et bien interprétée, offre des moyens suffisants pour mettre ces églises à l'abri du vol et du pillage; *difficile pour les administrations religieuses*, parce qu'elles auraient à remplir un grand nombre de formalités et à lutter peut-être contre des chicanes et des oppositions de diverse nature; *difficile pour l'autorité*, parce que le titre légal accordé à une église engage toujours plus ou moins la responsabilité de l'administration ou des communes, et leur impose des obligations qui deviendraient intolérables si elles étaient trop multipliées. Il y a donc avantage pour tout le monde à permettre que des églises non reconnues par le Gouverne-

---

(1) Outre les chapelles légalement reconnues, il y a des chapelles qui ne le sont pas, mais dont le gouvernement autorise l'ouverture; on peut les appeler chapelles tolérées ou annexes, selon l'usage des lieux. (Affre, pag. 33.)

ment s'élèvent là où on en sent le besoin ; elles ne sont à charge ni à l'État ni aux communes ; l'autorité ecclésiastique les tient toujours dans sa dépendance, et le Gouvernement ne perd jamais le droit d'intervenir pour rétablir le bon ordre si jamais il était troublé.

Les églises et chapelles simplement tolérées sont aujourd'hui très-nombreuses en France ; elles se multiplient en vertu de la liberté que l'Église a recouvrée. Le Gouvernement n'y met pas obstacle. Ce qu'il permet, ce qu'il approuve implicitement ne peut pas être regardé comme une atteinte portée à ses prérogatives.

Nous ne parlons ici qu'au point de vue légal et abstraction faite de tout principe religieux ; car si nous devions raisonner en chrétien, nous nous bornerions à faire observer que tout ce qui regarde l'exercice du culte est du ressort de l'autorité ecclésiastique ; et comme le chrétien demeure toujours tel, quelle que soit la robe qui le couvre, il est évident que, sous le rapport des sympathies et de la bienveillance, la cause d'une église, autorisée ou non, se recommande par elle-même à tous ceux qui ont le droit d'en connaître.

ARTICLE 2.

A qui appartient le droit de défendre en justice des oratoires des confréries ?

Avant de répondre à cette question, il faut éclaircir les deux points suivants :

Les oratoires des confréries et leurs propriétés étaient-ils des biens ecclésiastiques , et, en cette qualité, ont-ils été · frappés de confiscation au profit de l'État?

Après la confiscation , ont-ils été compris dans la restitution ordonnée au profit des fabriques ?

La loi du 18 août 1792 portait ce qui suit (tit. 2, art. 1er):

« Les biens dépendant des familiarités, confréries, pénitents de toute couleur, des pélerins et de toutes autres associations de piété et de charité, dénommés ou non dénommés dans l'article 1er du titre 1er du présent décret, seront dès à présent administrés, et les immeubles réels vendus dans la même forme et aux mêmes conditions que les autres domaines nationaux. »

Cette loi reçut son exécution en Corse comme ailleurs. Le domaine s'empara de plusieurs biens appartenant aux confréries et les mit en vente. Les églises ou oratoires des confréries furent seuls exceptés de cette mesure.

Les décrets concernant la restitution des biens ecclésiastiques contenaient les dispositions suivantes :

« En exécution de l'arrêté du 7 thermidor an XI, les biens non aliénés et les rentes non transférées provenant de confréries établies précédemment dans les églises paroissiales, appartiendront aux fabriques.

» Les biens et rentes de cette espèce qui proviendront de confréries établies dans des églises actuellement supprimées seront remis à ceux des églises conservées et dans l'arrondissement desquelles ils se trouvent. » (Décret du 28 messidor an XIII.)

La restitution était donc ordonnée, quant aux biens des confréries existant autrefois dans les *églises paroissiales* qui étaient rétablies par la nouvelle organisation du culte.

Elle l'était également, quant aux biens des confréries établies dans des églises *paroissiales* définitivement supprimées ; ces biens allaient se réunir au patrimoine des églises conservées.

Restaient en dehors de la restitution les biens des confréries établies hors de l'enceinte des églises paroissiales. (Affre, pag. 617.) Le Gouvernement entendait les garder pour lui. Il en était de même des biens appartenant aux ordres religieux et aux congrégations.

Cependant une exception était introduite en faveur des églises et chapelles des monastères et des congrégations.

Sans en *ordonner* la restitution, le législateur la rendait facultative de la part de l'État.

« Les dispositions du décret du 30 mai 1806 (1) pourront être appliquées aux chapelles de congrégations et aux églises de monastères non aliénées ni concédées pour un service public et actuellement disponibles. » (Décret du 17 mars 1809.)

Si donc une église de monastère, un oratoire ou chapelle de confrérie ou congrégation, non aliénés par le domaine et non concédés pour un service public, se trouvaient encore entre les mains de l'État, la fabrique de l'église paroissiale pourrait demander qu'ils lui fussent remis.

Mais que faut-il penser des églises, oratoires, et chapelles de congrégations dont l'État ne s'est pas emparé et qu'il n'a pas aliénés ni concédés pour un service public ?

Ces édifices rentrent dans la catégorie des biens *célés au domaine*. Le sens de ces mots *célés au domaine* est déterminé par l'Avis du Conseil d'État du 18 décembre 1802 dont nous avons déjà rapporté les termes, et d'où il résulte qu'on entend par biens célés au domaine tous les biens ecclésiastiques dont l'État ne s'est pas emparé et dont il est censé, dès lors, avoir ignoré l'existence.

Or les biens de ce genre, sans distinction aucune, et à quelque église ou corporation qu'ils aient appartenu, peuvent être révélés au profit des fabriques (2). Et leur remise aux fabriques n'est pas facultative de la part de l'État, mais obli-

---

(1) Les églises et presbytères qui, par suite de l'organisation ecclésiastique seront supprimées, font partie des biens restitués aux fabriques, et sont réunis à celles des cures et succursales dans l'arrondissement desquelles ils sont situés. (Décret du 30 mai 1806, art. 1er.)

(2) « Les biens célés au domaine de l'État, quelle qu'en soit l'origine, peuvent être révélés au profit des fabriques. » Décision du ministre des finances, du 6 août 1817, citée par M. Affre, pag. 598 et par Dalloz, *Répertoire*, V° *Culte*, n° 560.

gatoire. (Ordonnance royale du 21 août 1816, citée par M. Affre, pag. 600.)

D'après ces dispositions, il n'est point douteux qu'une église ou chapelle quelconque non saisie ni aliénée par l'État, et qui ne serait point devenue propriété privée, ne doive être réunie au patrimoine de l'église paroissiale sur le territoire de laquelle elle se trouve, si la fabrique demande l'envoi en possession.

Examinons maintenant les faits, tels qu'ils existent parmi nous.

Les oratoires des confréries ont conservé leur ancienne destination. Les confréries les possèdent et les administrent ; mais elles ne les possèdent, légalement parlant, ni comme corporations, ni comme personnes privées. Comme corporations, elles ne sont point reconnues par le gouvernement et n'ont point d'existence légale ; comme personnes privées, elles ne sont point dans les conditions requises pour être réputées propriétaires.

Les communautés religieuses sont propriétaires des églises et autres édifices qu'elles ont achetés ou fait bâtir à leurs dépens. Soit qu'elles agissent comme corporations en vertu de l'autorisation du gouvernement, soit qu'elles procèdent comme individus conformément aux lois qui régissent le contrat de société, elles ont le droit de disposer à leur gré de tous les biens dont elles jouissent, y compris leurs églises qui sont alors assimilées à toute autre espèce de bâtiments appartenant à des particuliers.

Mais nos confréries ne sont pas et ne peuvent pas être organisées de cette manière. Les membres dont elles se composent ne sont en réalités que des usufruitiers ou administrateurs non reconnus par la loi. Ils n'ont personnellement aucun droit à transmettre, ni par succession, ni par aucune autre espèce de contrat. Ils ne forment pas non plus des sociétés régies par les dispositions du Code civil, et n'ont, par conséquent, aucune action collective.

Ils sont donc sans qualité pour se présenter devant les tribunaux lorsque leur église a besoin d'être défendue.

Mais à qui cette qualité appartiendra-t-elle? Serait-ce aux communes?

Les communes n'ont rien à voir dans les procès de ce genre. Il y a bien des décisions qui leur attribuent la propriété de certaines églises, mais non pas de toutes.

On connaît la déplorable confusion qui règne dans cette matière. Deux arrêts du Conseil d'État des 31 janvier et 7 mars 1838 ont décidé : 1° qu'il faut distinguer entre les églises et presbytères remis par l'État pour le service du culte dans les cures et succursales établies en exécution de la loi du 18 germinal an X (1), et les églises et presbytères qui, demeurés sans emploi après l'organisation ecclésiastique, ont fait l'objet du décret de concession du 30 mai 1806; que les édifices de la première catégorie appartiennent aux communes, et ceux de la seconde aux fabriques. (Affre, pag. 134).

La Cour de Cassation, au contraire, déclarait les fabriques propriétaires des églises et des presbytères. (Arrêt du 6 décembre 1836). Un troisième système s'est produit, d'après lequel les églises n'appartiendraient ni aux fabriques ni aux communes, mais à l'État. Un arrêt de Cassation du 7 juillet 1840 a décidé que la propriété n'appartient exclusivement ni aux communes ni aux fabriques, et que le droit d'intenter une action judiciaire appartient également aux unes et aux autres.

Un arrêt de la Cour impériale de Paris du 24 décembre 1857 a décidé que *dans quelque mesure que la propriété des églises* ait *été attribuée aux communes*, les conseils de fabrique sont investis par la loi du droit de réclamer con-

_____

(1) Un édifice par cure ou succursale. (Art. 75 de la dite loi du 18 germinal).

tre toute usurpation, et par conséquent d'intenter toutes actions, même réelles, concernant lesdits édifices.

Mais tous ces dissentiments ne portent que sur la propriété d'une partie des églises *paroissiales* et des presbytères y attenant, dont l'entretien et la réparation sont mis éventuellement à la charge des communes. Nul n'a prétendu attribuer à ces dernières la propriété des églises n'ayant aucun titre paroissial et qui pourraient s'écrouler de fond en comble sans que les communes fussent tenues d'y dépenser une obole. Les églises supprimées comme paroisses, et à plus forte raison les églises supprimées qui n'avaient jamais été paroissiales, sont remises aux fabriques, non pas en qualité d'églises reconnues comme telles, mais comme biens faisant partie du patrimoine des églises conservées. « Les églises et presbytères qui par » suite de l'organisation ecclésiastique seront supprimés » *font partie des biens restitués aux fabriques.*» (Décret du 30 mai 1806, art. 1ᵉʳ). «Les biens des fabriques des égli- » ses supprimées *appartiennent* aux fabriques des églises » auxquelles les églises supprimées sont réunies. » (Décret du 31 juillet 1806, art. 1ᵉʳ). Le Conseil d'État lui-même comme on l'a vu plus haut, s'est prononcé dans ce sens.

Ainsi les communes n'ont aucun droit sur les oratoires et autres églises non paroissiales, et on doit désirer qu'elles n'en aient aucun sur aucune église, car les conseils munici- paux, exposés à toutes les influences de l'esprit de parti ou de coterie, ne voient trop souvent que des questions de per- sonnes là où il ne faudrait voir que des questions de princi- pes; ils peuvent d'ailleurs être composés d'individus ap- partenant à différents cultes ou totalement privés de princi- pes religieux; enfin ils manquent souvent de lumières sur les questions relatives aux propriétés des églises. C'est pourquoi ils offrent beaucoup moins de garanties que les fabriques pour la conservation des édifices religieux et pour le res- pect de la destination à laquelle ils sont affectés.

Mais si les confréries et les communes sont dépourvues de

qualité pour plaider en faveur des oratoires, à qui la qualité appartiendra-t-elle? On ne voudrait pas, sans doute, que des édifices consacrés au culte, entretenus et ornés par les sacrifices continuels des populations et devenus l'objet de la vénération, de l'affection publique, fussent déclarés *res nullius* et laissés en butte à toute espèce d'usurpations et d'outrages, dans un pays chrétien où les intérêts mêmes les plus minimes sont protégés par les lois.

Il faut donc reconnaître que les oratoires appartiennent aux fabriques, comme aux seuls corps légalement institués pour administrer et défendre les édifices religieux de chaque paroisse, et appelés à recueillir l'héritage de toutes les églises supprimées qui sont comprises dans leurs circonscriptions respectives.

Telle est en effet la jurisprudence adoptée depuis longtemps à Bastia relativement aux oratoires des confréries et à leurs dépendances. Ce sont les fabriques qui plaident pour la défense des oratoires, et, chose encore plus remarquable, ce sont les fabriques qui sont condamnées à payer les dettes des confréries, quoique ces dernières s'administrent d'elles-mêmes et jouissent en réalité d'une pleine indépendance. Il y a quelques années à peine, la fabrique de Saint-Jean a été condamnée à solder le prix d'un bâtiment qu'on a élevé sur la sacristie de l'oratoire de Saint-Roch. Les jugements, les arrêtés préfectoraux, les actes judiciaires émanés des diverses parties contendantes ne nous manqueraient pas, si nous devions établir ce qui n'a plus besoin d'être prouvé pour ce qui regarde la ville de Bastia. Les fabriques sont réputées propriétaires des oratoires. Cet état de choses qui a tous les caractères d'une longue possession est le seul juste et convenable. On suivrait sans doute les mêmes règles dans tout le reste de la Corse, si des contestations de ce genre venaient à s'élever. Il nous semble certain que la possession exercée par les confrères peut et doit profiter à la fabrique, alors surtout que les confrères et les fabriciens sont d'accord pour attribuer à l'église paroissiale la propriété de l'oratoire. Ce point sera mieux développé dans l'article suivant, où nous présenterons des observations applicables à la fois aux oratoires et aux chapelles.

ARTICLE 3.

A qui appartient le droit de défendre en justice
les chapelles et leurs propriétés ?

Nous aborderons tout à l'heure la question de droit ; mais comme il y a dans tout procès, indépendamment de la question légale, une question de convenance et de moralité, nous commencerons par examiner s'il est à désirer que l'administration des chapelles et de leurs biens soit confiée aux conseils de fabrique.

Nous ne parlons ici que de l'administration légale, du droit de faire des actes d'administration qui soient valides aux yeux des tribunaux. Quant à l'administration réelle et effective des revenus, elle doit être laissée, autant que possible, à ceux qui l'ont exercée jusqu'à ce jour. Il est avantageux aux oratoires des confréries et aux chapelles d'avoir chacun une administration distincte de celle de la paroisse. Les membres des confréries et les procureurs des chapelles ont en général plus de zèle pour l'entretien de leurs églises respectives que ne peuvent en avoir les fabriciens déjà chargés du soin de l'église paroissiale ; et ils savent aussi se procurer des ressources dont les fabriciens seraient privés s'ils devaient tout faire par eux-mêmes. Il faut donc que ces derniers n'interviennent point sans nécessité dans les affaires des églises dont nous parlons, et surtout qu'ils ne donnent jamais lieu de croire qu'ils voudraient les dépouiller de leurs revenus, en tout ou en partie, au profit de l'église paroissiale.

Mais autant leur intervention serait nuisible lorsque les

affaires marchent régulièrement, autant elle est indispensable lorsque des inconvénients se produisent auxquels on ne saurait remédier que par les voies judiciaires, tels que la dilapidation des deniers des églises, l'aliénation de leurs biens, les usurpations commises à leur détriment. Dès qu'il faut recourir aux tribunaux, il n'y a plus d'autre administration que celle des fabriciens, parce qu'elle est seule reconnue par la loi. Si les fabriciens n'avaient pas le droit d'intervenir, nul ne l'aurait, et les églises non paroissiales seraient livrées au pillage.

Il est donc dans l'intérêt de ces églises, et par conséquent dans l'intérêt des populations qui en jouissent, qu'elles soient placées sous l'autorité, ou, si on l'aime mieux, sous la protection du conseil de fabrique. Les fabriciens ne peuvent rien faire d'important sans le concours de l'autorité civile et ecclésiastique. Ils ne peuvent rien céder ni aliéner sans autorisation ; ils sont tenus de rendre compte des fonds qu'ils administrent. En cas d'abus, on se pourvoirait contre eux par devant l'autorité compétente. Mais les administrateurs officieux des oratoires et chapelles, n'étant assujettis à aucune règle consacrée par les lois, échapperaient à toute espèce de contrôle et pourraient dissiper impunément le patrimoine de leurs églises, si le conseil de fabrique n'avait point qualité pour s'occuper de leurs affaires.

Cette absence de règles obligatoires, cette grande latitude qu'on remarque dans la gestion des administrateurs dépourvus de titre légal, peut devenir pour eux une cause de faiblesse et les amener à trahir leurs devoirs.

Supposons qu'on leur demande des concessions contraires aux intérêts de leur église. S'ils reconnaissent l'autorité du conseil de fabrique, ils se tirent facilement d'embarras. Nous n'avons pas, disent-ils, la faculté d'accorder ce que vous demandez ; nous dépendons, à cet égard, de la fabrique, et la fabrique elle-même a besoin d'être autorisée. Ce langage est éminemment propre à refroidir l'ardeur de ceux qui sollicitent, et à délivrer de leurs obsessions les administrateurs de l'église menacée.

Mais si ces derniers se croient et se disent maîtres de faire et défaire avec une pleine indépendance, comment se défendront-ils contre les instances des solliciteurs ? Il leur faudrait assez de fermeté pour répondre : nous ne pouvons pas nous rendre à vos désirs, parce que notre conscience s'y oppose. Or une semblable réponse les laisserait exposés à tous les mécontentements qu'excite le refus d'une chose vivement désirée. Aussi, lorsqu'ils se voient réduits à l'alternative de céder ou de se brouiller avec des personnes audacieuses et influentes, se résignent-ils, pour la plupart, à rendre *le service* qu'on leur demande.

C'est ici une vieille histoire qui se renouvelle trop souvent; les exemples abondent; on en trouvera un dans le paragraphe où nous traiterons spécialement des affaires des chapelles de Luri, et on jugera par là si nos observations sont fondées.

Voyons maintenant si notre législation autorise les conseils de fabrique à réclamer pour eux l'administration des chapelles et de leurs biens.

Remarquons d'abord qu'il ne s'agit pas ici d'oratoires ou chapelles domestiques ou soit d'oratoires privés ; une chapelle de ce genre est renfermée dans l'intérieur d'une maison ; elle n'a pas d'entrée immédiate sur la voie publique ; elle n'est érigée que pour l'usage d'une seule famille à qui elle appartient exclusivement; le public n'y pénètre pas et ne contribue pas à son entretien ; on n'y fait aucune cérémonie : on n'y célèbre qu'une messe basse; encore la célébration de la sainte Messe y est-elle interdite pendant les grandes fêtes, à moins d'un privilége spécial.

Les chapelles dont nous parlons sont de véritables églises, ouvertes au public, dotées par les largesses de plusieurs, n'appartenant à aucun individu, à aucune famille. Il y en a où l'on célèbre tous les jours la sainte Messe, où l'on officie tous les dimanches et jours de fête. Il y en a d'autres où la célébration de la sainte Messe est plus ou moins rare; mais elles servent toutes quelquefois à l'administration des sacrements; elles ont toutes quelques jours solennels où elles ne diffèrent en rien des autres églises.

Avaient-elles jadis une existence légale ? Leurs biens étaient-ils considérés comme biens ecclésiastiques ?

Cela ne fait pas l'objet du moindre doute. Elles avaient une existence légale, puisqu'elles étaient capables de recevoir et recevaient en effet par donation ou testament. Leurs procureurs ou administrateurs étaient reconnus en cette qualité par l'autorité civile. On suivait, quant à leurs propriétés, les mêmes règles que pour tous les autres biens ecclésiastiques, et le Gouvernement a bien montré qu'il ne les considérait point comme propriétés privées, car pendant la révolution il a confisqué et mis en vente tous ceux de ces biens dont il a eu connaissance. En quelques endroits, les chapelles mêmes ont été vendues et employées à des usages profanes.

La plupart de ces petites églises étaient des chapelles de secours. Elles avaient une administration distincte, à certains égards, de celle de la paroisse, et sous ce rapport elles différaient des chapelles de secours telles que nous les connaissons aujourd'hui. Mais elles servaient à l'administration des sacrements et à la célébration de la sainte messe pour une partie de la paroisse; le curé y avait la principale autorité, au spirituel comme au temporel, et le service auquel elles étaient destinées était paroissial dans le sens le plus strict de ce mot.

Elles étaient donc comme des dépendances de l'église paroissiale. Si on les considère sous cet aspect, elles sont comprises dans la restitution des biens paroissiaux ordonnée par l'arrêté du 7 thermidor. Si on voulait les regarder au contraire comme des églises distinctes, ayant, dans leurs procureurs, des fabriques à elles propres, elles seraient comprises

9

dans la restitution, en vertu d'une autre disposition du même
arrêté, portant que les biens des fabriques des églises supprimées seront réunis à ceux des églises conservées et dans
l'arrondissement desquelles elles se trouvent.

Si donc les chapelles et leurs biens se trouvaient aujour-
d'hui entre les mains de l'État, les fabriques seraient autorisées à les réclamer. Si l'État ne s'en était pas emparé et
qu'ils fussent illégalement détenus par des tiers, les fabriques pourraient les révéler comme *biens célés au domaine*
et se faire envoyer en possession par le Gouvernement. Si
les biens étaient devenus définitivement propriétés privées,
à l'exclusion des chapelles mêmes, celles-ci pourraient être
réclamées par les fabriques, selon la distinction et dans les
formes que nous venons d'indiquer.

Cette doctrine nous paraît suffisamment justifiée par tout
ce que nous avons dit dans les paragraphes précédents. Elle
nous fait connaître le vœu de la loi, ce qui *devrait être*.

Nous venons de supposer que les chapelles et leurs biens
se trouvent ou entre les mains de l'État, ou entre les mains
de particuliers qui les détiennent indûment, avec l'intention
de se les approprier.

Mais il y a une troisième hypothèse, et c'est celle qui doit
attirer toute notre attention, puisque tous les procès relatifs
aux chapelles s'engagent sur ce terrain.

La chapelle a conservé, comme édifice consacré au culte,
une existence de fait parfaitement identique à celle qu'elle
avait sous l'ancien régime. Elle a toujours ses procureurs
soumis à l'autorité du curé; on y célèbre, on y administre
les sacrements comme jadis; on y fait les mêmes neuvaines
et les mêmes cérémonies, avec le même empressement et la
même dévotion de la part des fidèles.

Les *procureurs* de la chapelle forment-ils une administration légale? Ont-ils le droit d'ester en justice? Non, certainement. Au point de vue de la loi, leur situation est tout-
à-fait irrégulière.

セ

Comment fera-t-on pour la régulariser ?

Si la chapelle et ses biens n'ont pas été aliénés par l'État, la fabrique de la paroisse pourrait se faire envoyer en possession ; à partir de l'accomplissement de cette mesure, son droit serait si évident qu'elle n'aurait à craindre aucune contestation.

Mais à une demande d'envoi en possession, l'administration des domaines répondrait peut-être : l'État n'a jamais possédé effectivement ces biens et ne les réclame pas ; qu'ils soient administrés par des procureurs ou par des fabriciens, peu lui importe. Qu'on se tire d'affaire comme on pourra.

En outre, l'envoi en possession n'est jamais ordonné qu'après beaucoup de formalités et de longs délais ; or le commencement de l'instance contre les spoliateurs des chapelles peut être chose urgente ; il s'agira le plus souvent d'actions possessoires, et il faudra prévenir la déchéance en portant immédiatement l'affaire devant les tribunanx.

Dans des circonstances semblables, ce serait priver les fabriques de leurs droits et ruiner les chapelles, que de renvoyer le commencement du procès jusqu'après l'arrêté d'envoi en possession. Il est donc indispensable que la fabrique agisse sans retard.

Mais comment justifiera-t-on, au point de vue légal, l'intervention de la fabrique ?

Voici, ce nous semble, l'aspect sous lequel il faut envisager ces sortes d'affaires :

Il y a eu, depuis plus de trente ans, une possession exercée par des procureurs qui se sont succédé dans l'administration de la chapelle et de ses revenus. Ils n'ont possédé ni pour eux-mêmes, ni pour aucune corporation ou société légalement organisée. En fait et selon la réalité des choses, ils étaient des fabriciens dépourvus de titre légal et administrant des églises qui, selon le vœu de la loi, doivent appartenir à la fabrique de la paroisse. La possession qu'ils ont exercée ne doit donc profiter qu'à la fabrique ; tout ce qu'ils ont fait, la fabrique elle-même est censée l'avoir fait par leur entremise. Qu'ils n'aient pas reçu d'elle un mandat, peu importe. Est-ce qu'il n'y a pas des conventions tacites, des quasi-contrats *negotiorum gestorum* (Art. 1372 , Code civil), au moyen desquels on gère les affaires d'autrui sans un mandat exprès, et quelquefois même à l'insu du propriétaire, qui conserve néanmoins tous ses droits ? L'existence de ces sortes d'engagements ne se prouve point par titres ; elle résulte des circonstances ; et c'est aux juges qu'il appartient d'apprécier les faits où on croit la découvrir.

Ces principes ont été appliqués plus d'une fois, notamment en matière ecclésiastique, et même dans des occasions où on ne se serait jamais attendu à les voir invoquer.

Le curé d'une très-pauvre paroisse de village du département de l'Yonne, voyant son église tomber en ruine, et sachant qu'une imposition extraordinaire votée par la commune ne produirait qu'une somme très-modique, se mit à quêter dans toute la France pour obtenir des secours. Il n'aspirait d'abord qu'à restaurer l'église en l'agrandissant ; mais se voyant bien accueilli partout, il forma le dessein d'abandonner la vieille église, d'en bâtir une nouvelle, et d'employer une partie des fonds qui lui seraient remis à soutenir une fondation de Sœurs institutrices, menacée de disparaître faute de ressources. Il annonça ce projet par une seconde circulaire et déclara expressément que le produit de la souscription serait employé sous le seul contrôle de l'autorité ecclésiastique.

La souscription produisit environ 18,000 fr. Le curé entreprit les travaux et il les avait presque conduits à leur terme, lorsque, sur la réclamation du receveur municipal, il fut sommé de verser le produit de la souscription dans la caisse de la commune. Un arrêté du Conseil de préfecture le déclara *comptable des deniers de la commune*. Il se pourvut devant le Conseil d'État. Les ministres de l'intérieur et des cultes exprimèrent l'avis que les sommes recueillies par le curé n'étaient point des *deniers communaux*. Le commissaire du Gouvernement près le Conseil d'État soutint la même opinion. Le défenseur du curé fit observer en outre que s'il s'agissait, comme on le prétendait, d'un quasi-contrat de gestion d'affaires, soumis aux règles du Code civil (art. 1372, 1375), le Conseil d'État devait se déclarer incompétent et renvoyer la cause devant les tribunaux ordinaires. Enfin un grand nombre de souscripteurs intervinrent et déclarèrent qu'ils n'avaient rien voulu donner à la commune, mais seulement au curé, pour le mettre en position de construire une église. Tout cela fut inutile. Par arrêt du 14 avril 1857, le Conseil d'État, prenant pour point de départ sa jurisprudence relative à la propriété des vieilles églises paroissiales, et se fondant sur ce que le curé avait eu d'abord l'intention d'employer les fonds par lui recueillis à la restauration de l'ancienne église, déclara le curé *comptable de deniers communaux* et confirma l'arrêté du Conseil de préfecture.

Certes, il faut que les juges aient une grande latitude dans ces sortes de matières pour arriver à une semblable conclusion; et lorsque nous les voyons pousser si loin les conséquences d'un système très-contesté, nous nous persuadons difficilement qu'il n'y ait pas moyen de faire, dans l'intérêt des églises, ce que réclament en même temps la religion, l'ordre public, le respect dû à la propriété. Nous ne concevrions point que la justice, arrêtée par des scrupules dont tout le profit serait pour les gens qui ne se contentent pas de leurs propres biens, se crût désarmée contre des tentatives que nul n'aurait le courage de justifier devant les tribunaux ni devant l'opinion publique, si en laissant de côté les exceptions et les fins de non-recevoir, on devait s'expliquer franchement et loyalement sur le fond même des contestations.

Nous en avons la ferme conviction : pour peu qu'un système de jurisprudence fût intéressé à faire passer entre les mains des fabriciens la gestion des biens des chapelles, ses défenseurs découvriraient immédiatement une foule de raisons militant en faveur des fabriques; et elles seraient au moins aussi respectables, aussi propres à contenter la raison et la conscience, que les motifs invoqués dans beaucoup de décisions où l'esprit cherche en vain quelque chose qui le satisfasse.

De ce que les chapelles n'ont point d'existence légale, on voudrait inférer qu'elles sont devant les tribunaux comme si elles n'existaient pas. Or cette conséquence est fausse; les tribunaux ne se repaissent point de chimères et ne raisonnent point comme si des faits très-patents et qui frappent tous les yeux n'avaient point de réalité. Leur mission n'est point de nier l'existence de ce qui n'est pas légal, mais de faire disparaître les illégalités en mettant les faits d'accord avec la loi.

Dans les contestations relatives aux chapelles, il n'y a et il ne peut y avoir que trois parties intéressées, savoir les procureurs de la chapelle, la fabrique et les tiers.

Si ceux-ci ont des droits, il est juste qu'on leur donne gain de cause. S'ils n'en ont aucun, il faut qu'on les éconduise, au lieu de permettre qu'ils demeurent là comme amateurs, afin de mettre dans leurs poches ce qui ne serait adjugé ni aux procureurs ni à la fabrique.

Ces deux dernières parties demeurant seules en présence l'une de l'autre; voici ce que l'on peut dire aux procureurs :

Vous administrez des édifices consacrés au culte et dépendant en quelque manière de la paroisse, puisqu'ils sont sous la pleine juridiction du curé. Or votre administration n'est point reconnue par la loi; elle n'est d'ailleurs assujettie à aucune règle sanctionnée par l'autorité publique; par conséquent elle n'offre point de garanties. Les églises qui vous sont confiées ont été érigées pour l'utilité des habitants de la paroisse. Elles leur appartiennent en quelque sorte, et puisqu'ils ne peuvent pas les administrer par eux-mêmes, ils doivent les administrer par l'entremise du conseil de fabrique, le seul corps qui ait une mission légale pour remplir des fonctions de ce genre.

Voilà ce qu'on dirait aux procureurs s'ils entraient en lutte avec les fabriciens, et surtout s'ils voulaient s'approprier les biens de leurs églises, chose qu'ils pourraient faire incontestablement selon le système de ceux qui repoussent la fabrique comme n'ayant point qualité. Car personne n'ayant plus de qualité que la fabrique, les biens des chapélles demeureraient sans propriétaire ni défenseur légal; ils appartiendraient au premier occupant; or si tout individu peut s'en emparer, pourquoi les procureurs n'auraient-ils pas la plus belle part du gâteau, ou même le gâteau tout entier? Assurément, ils auraient sur tous les autres prétendants l'avantage d'avoir possédé ou administré les biens à un titre quelconque. Dira-t-on que le scandale serait trop grand de les voir garder pour eux ce qu'ils administraient au nom de la chapelle? Mais en supposant qu'ils ne fussent pas disposés à reculer devant le scandale, qu'on veuille bien nous dire comment on les obligerait à lâcher prise. Si l'on connaît quelques moyens d'y parvenir, ces mêmes moyens serviront à repousser les prétentions des usurpateurs étrangers; et comme après avoir bien cherché, on ne trouvera pas d'autre remède que l'intervention du conseil de fabrique, il faudra convenir que la fabrique a réellement qualité pour agir au nom et dans l'intérêt des chapelles.

Mais nous n'avons pas encore d'exemple d'un conflit *judiciaire* entre les procureurs et les fabriciens. Au contraire, nous voyons souvent les procureurs s'unir aux fabriciens et se mettre sous leur protection pour résister aux attaques des usurpateurs. Ainsi les administrateurs qui ont la possession réelle et effective, font cause commune avec les administrateurs investis du titre légal; ils transportent à ces derniers tous leurs droits et prennent spontanément la position de mandataires de la fabrique. Le fait et le droit se trouvent donc réunis. Et cela ne suffira pas ? Et il sera permis à des hommes effrontés de venir se placer entre les procureurs et les fabriciens, pour dire aux premiers : vous avez la possession de fait mais point de titre légal ; pour dire aux seconds : vous avez le titre légal, mais vous n'avez point possédé ; et pour conclure que ni les uns ni les autres n'*ayant qualité*, ils ont eux-mêmes le droit de prendre ce qui leur convient ?

Il n'est pas possible que cette doctrine immorale et subversive soit consacrée par les tribunaux. Qu'on ait surpris quelquefois leur religion, cela n'a rien d'étonnant. Les abus que nous signalons dans ce mémoire, la marche progressive des spoliations dont nos églises sont victimes n'étaient pas connus, du moins dans leur ensemble. Il s'agissait d'ailleurs d'appliquer des lois spéciales d'une origine assez récente et dont le sens n'est pas encore entièrement fixé. Mais la multiplication des abus doit nécessairement exciter l'attention des magistrats, et, comme il arrive ordinairement, l'excès du mal provoquera l'emploi des remèdes.

§ **IV**.

La commune de Luri se compose de dix-huit petits villages ou hameaux dispersés sur un territoire très-vaste. L'église paroissiale n'étant pas à la portée de tous les habitants, on avait construit dans chaque hameau un oratoire ou chapelle où l'on célébrait de temps en temps le saint sacrifice avec la permission du curé. L'existence de ces édifices était déjà mentionnée dans un procès-verbal de visite pastorale de Mgr Marliani, évêque de Mariana en 1646. La piété des fidèles leur forma une dotation en immeubles ; c'étaient des dons individuels qu'on leur faisait ainsi qu'à toutes les autres églises ; le registre de la chapelle de saint Sébastien (hameau de Campo) contient la liste des propriétés léguées à la chapelle susdite par le testament de la dame Catherine Santini.

Tout porte à croire que les autres propriétés des chapelles provenaient également de legs faits par des personnes pieuses. Les habitants contribuaient à l'entretien de l'oratoire par une petite quête qui se faisait le jour de la fête du saint titulaire. Ce jour-là il y avait plusieurs messes basses. Le curé chantait la messe solennelle et donnait le soir la bénédiction avec la relique. On y disait aussi la messe à l'occasion de quelques autres fêtes, telles que la fête de saint Pancrace, pour la chapelle de N. D. du Mont Carmel. Dans les autres temps de l'année, le curé y célébrait lorsqu'il devait administrer le saint viatique à quelque habitant du hameau ; il s'y rendait aussi pour entendre les confessions des personnes âgées ou infirmes qui ne pouvaient pas se rendre à l'église paroissiale.

Les biens de chaque chapelle étaient administrés par des fabriciens nommés *procureurs,* nommés par le curé ou avec son approbation, et obligés de lui présenter leurs comptes pour qu'il les approuvât. Ces redditions de comptes, revêtues de l'approbation du curé, sont inscrites sur les registres des chapelles de **N. D.** du Mont Carmel (hameau de Castiglione) et de saint Sébastien (hameau de Campo) que nous avons compulsés nous-même.

Il ést à remarquer qu'on suivait absolument les mêmes règles pour les chapelles intérieures de l'église paroissiale, chacune desquelles avait deux procureurs soumis à l'autorité du curé.

Ce mode d'administration fut continué jusqu'en 1811. A cette époque, l'administration des domaines, par une violation manifeste des décrets concernant la restitution des biens des fabriques, mit en vente les biens de l'église paroissiale, du couvent et des chapelles de Luri. Les habitants de la commune, voulant racheter ces immeubles et les conserver à leur ancienne destination, s'entendirent avec le maire, qui se rendit adjudicataire ou acquéreur par l'entremise de deux habitants de Bastia. Le 8 janvier 1811, au moyen d'une adjudication faite à Bastia devant le Préfet du Golo, M. Antoine Gregorj, au nom de M. Giuseppi, maire de Luri, acheta le couvent avec toutes ses dépendances et les autres biens que le couvent avait possédés hors de son enceinte. Par une autre adjudication, M. Antoine Cecconi, au nom de M. Giuseppi, acheta les biens appartenant aux autres églises et chapelles de la commune. Le prix de la vente de tous ces biens réunis se montait à 1,579 fr.

Une fois maître de ces immeubles, M. le maire Giuseppi passa, avec six membres du conseil municipal agissant comme représentants de la commune et de la population, un acte qui contenait les clauses suivantes :

M. Giuseppi reconnaissait avoir reçu de plusieurs notables et particuliers de Luri la somme dont il s'était servi pour l'achat des biens, et n'avoir agi que selon l'intention des personnes susdites.

Il donnait quittance à la commune de Luri ou à ses habitants, de la somme employée à l'achat des biens du couvent et de l'église paroissiale :

« Facendone al predetto comune di Luri, o siasi abitanti,
» finale, ampla ed amplissima quittanza in valida forma per
» la somma suddetta, pagata e ricevuta per l'acquisto e com-
» pra di detto convento, clausura, giardino e beni dello stesso,
» come da detto processo verbale, e dei beni *della parroc-*
» *chia* di questo comune. »

Il donne ensuite quittance, aux notables et particuliers, des sommes par lui reçues pour l'achat des biens des chapelles.

« Siccome fa finale quittanza ai notabili e particolari delle
» dette chiese e cappelle per le somme respettive pagate e
» ricevute per li beni comprati secondo il predetto processo,
» passato in testa del detto sig. Cecconi. »

Après quoi M. Giuseppi cède : 1° à la commune de Luri, ou soit à ses habitants, le couvent avec ses biens, ainsi que les biens de l'église paroissiale ; 2° aux notables et particuliers les chapelles et leurs biens.

« Cede, tramanda, rinunzia nel detto comune di Luri,
» ossia negli abitanti del medesimo, per il convento e par-
» rocchia suddetti, e nei notabili e particolari per le cappelle
» e chiese predette, tutti i diritti, ragioni ed azioni che fu-
» rono in esso tramandati mediante i detti processi di ven-
» dita e dichiarazioni poste al basso dai medesimi due detti
» signori Gregorj e Cecconi, e mediante le dette somme pa-
» gate e ricevute, compresi i due beni sopra indicati, spo-
» gliandosi interamente del tutto, e del tutto ne investe il
» detto comune, ossia i suoi abitanti per ciò che riguarda
» il convento e parrocchia (1) sopra indicati notabili e partico-

---

(1) Nous copions textuellement ; mais il faut corriger ce passage en lisant : *ed i sopra indicati, ec:*

» lari delle cappelle e chiese suddette per ciò che riguarda
» i beni di questo. »

Ensuite les six conseillers municipaux acceptent la cession
dans les termes suivants :

« Hanno dichiarato di accettare siccome accettano la ces-
» sione e traslazione di dominio e possesso fatta come sopra
» dal detto Sig. Antonio Maria Giuseppi, assieme e come
» rappresentanti in questa parte il comune e popolo di detto
» Luri per ciò che riguarda il convento e parrocchia coi ri-
» spettivi beni, siccome per li notabili e particolari delle
» predette cappelle e chiese sopra indicate, attesa la loro
» assenza o altro legale e legittimo impedimento, senza però
» obbligo alcuno in favore di detto signor cedente, promet-
» tendo, siccome promettono che il predetto convento e detta
» parrocchia con tutti i beni dipendenti dell'uno e dell'altra
» e contenuti nei detti processi di vendita, saranno sempre
» assoluta proprietà del detto comune, ossia dei suoi abi-
» tanti, siccome pure lo saranno di quei particolari *notabili*
» *e proprietarj* i beni provenienti da dette chiese e cappelle,
» in qualunque tempo del mondo non sarà da loro o da altri
» che sia proposta o intentata alcuna azione e eccezione,
» poichè hanno fatto e fanno come persona pubblica e rap-
» presentanti il comune e popolo suddetto di Luri, ed a nome
» di particolari e notabili, ed al solo fine di far loro cosa
» grata. »

L'argent destiné au rachat des biens des chapelles fut pris
sur les revenus des chapelles mêmes. Ainsi dans le livre de
comptes de la chapelle de N. D. du Mont Carmel, hameau
de Castiglione, nous trouvons à la date de l'année 1811, 130
fr. payés pour le rachat susdit. Nous n'avons pas entre les
mains le registre de la chapelle du hameau de Tufo, mais
au dire des habitants, cette chapelle paya pour le rachat
160 fr. La chapelle de St-Roch paya 30 fr., ainsi qu'on le
voit dans son livre de comptes, sous la date de l'année 1811.
La chapelle de St-Antoine donna 24 fr., dont il est fait men-

tion dans son livre de comptes. Nous ne trouvons rien dans les registres de deux autres chapelles; dans un de ces livres, la comptabilité de l'année 1811 manque entièrement. Les registres de la plupart des chapelles ne nous ont pas été communiqués, mais les renseignements que nous avons reçus tendent à prouver que toutes contribuèrent au rachat, dans la mesure de leurs facultés.

Cette contribution, qui est désignée dans quelques registres comme une taxe imposée par le maire, fut étendue à la confrérie du village ou commune, ainsi qu'aux chapelles intérieures de l'église paroissiale. La confrérie paya 152 fr. 60 c. La chapelle du Rosaire, 130 fr. 70 c. La congrégation de l'Assomption, 274 fr. 40 c. La chapelle du Suffrage ou du Purgatoire 30 fr. Tous ces paiements sont attestés par les registres. L'église paroissiale, ou soit la fabrique, donna 25 fr., comme on le voit pas ses registres.

Ces diverses sommes réunies donnent un total de 956 fr. 70 c. Il manquerait 622 fr. 30 c. pour compléter les 1579 fr. qui formèrent le prix total du rachat; mais pour peu que les nombreuses chapelles non mentionnées dans la présente énumération aient contribué à la dépense, les biens ont dû être rachetés sans qu'il en ait coûté un centime aux habitants.

On a vu comment le contrat fut passé. Voyons maintenant comment il a été exécuté et interprété à partir de l'époque du rachat.

Le couvent et ses biens ont été considérés comme propriétés communales.

Les biens de l'église paroissiale sont toujours demeurés entre les mains de la fabrique.

Les biens des chapelles ont continué à être administrés par des procureurs que le curé nommait ou dont il approuvait le choix, et qui lui rendaient compte de leur gestion.

Cette administration n'a pas toujours marché avec une parfaite régularité. Il y a eu quelquefois des échanges pour lesquels on n'a pas observé toutes les formalités requises ; quelquefois on s'est contenté de l'approbation de l'autorité ecclésiastique ; d'autres fois, les procureurs ont agi sans autorisation ; il paraît néanmoins que les chapelles n'ont pas été lésées par ces contrats qui avaient d'ailleurs pour objet des biens de peu de valeur. Mais si le fond des conventions ne prêtait pas à la critique, la forme était irrégulière. Dans d'autres circonstances, les procureurs ont pris, sur les revenus des chapelles, de modiques sommes qu'ils ont affectées à des travaux d'utilité publique, tels que la réparation de la fontaine du hameau. Ces dépenses se faisaient sans opposition de la part du curé qui approuvait les comptes. Nous ne retraçons ici que l'ensemble des faits et la marche habituelle de cette administration qui, depuis 1789, n'était plus assujettie à des règles invariables. Les procureurs *pro tempore* peuvent n'avoir pas toujours administré avec tout le soin désirable. Mais il est certain qu'eux seuls avaient la gestion des intérêts des chapelles, et qu'ils dépendaient uniquement de l'autorité ecclésiastique, à l'exclusion des habitants des hameaux pris isolément ou collectivement.

En 1834, le sieur Dominique Franceschi, procureur de la chapelle de Saint-Sébastien (hameau de Campo) assigna le sieur Jean Paravisini, berger, en paiement des fermages qu'il devait à la chapelle. Le juge de paix était M. Estela, un des principaux habitants de Luri, homme très-considéré pour ses lumières et son expérience, et qui savait parfaitement à quoi s'en tenir sur la situation des chapelles de sa commune. Le système d'après lequel les chapelles et leurs biens appartiendraient respectivement aux habitants des divers hameaux n'était pas encore connu. M. Estela rendit le jugement suivant :

« Vu notre jugement interlocutoire sous la date du 1er avril dernier ;

» Considérant que les anciens édifices religieux, chapelles et autres, non aliénés, ni concédés pour un service public, ont été déclarés propriétés des fabriques dans la circonscription desquelles ils se trouvent, par les diverses lois rendues à cet effet, spécialement par les décrets du 17 juillet 1805 (28 messidor an XIII), 30 mai 1806 et 17 mars 1809.

» Considérant que ce prétendu procureur de chapelle n'a pas qualité pour réclamer devant les tribunaux une redevance ou un fermage demandé comme appartenant à la chapelle, mais que le droit de réclamation et d'action à cet égard compète au trésorier de la fabrique ;

» Considérant dès-lors qu'il n'y a pas lieu d'adjuger la demande qui forme l'objet du procès, au prétendu procureur de la chapelle Saint-Sébastien ; mais qu'il convient d'ordonner la mise en cause du trésorier de la fabrique de l'église paroissiale de Luri, à laquelle ladite chapelle appartient en vertu des décrets sus-énoncés ;

» Pour ces motifs : nous Joseph Estela, juge de paix du canton de Luri ;

» Disons que le sieur Dominique Franceschi, demandeur, n'a pas qualité pour suivre la demande par lui intentée contre Paravisini, défendeur ;

» Lui ordonnons néanmoins de mettre en cause dans le délai de dix-neuf jours le trésorier de l'église paroissiale de Luri, pour soutenir, si bon semble à celui-ci, ladite demande, sur laquelle nous nous réservons de statuer ce que de droit après ladite mise en cause, dépens réservés.

» Jugé le 3 juillet 1834. »

Ainsi les procureurs des chapelles étaient déclarés incapables d'exercer par eux-mêmes aucune action judiciaire ; mais les chapelles n'étaient pas privées d'administrateurs et de défenseurs légaux, car le jugement reconnaissait à la fabrique le droit de plaider pour elles. La voie était tracée, et on la suivit.

En 1842, il s'agissait de contraindre deux procureurs des chapelles de St Jean et de St Michel (hameau de Castello) à rendre compte de leur gestion, et à restituer les registres ainsi que l'argent par eux perçu. Le trésorier de la fabrique les assigna à cette fin. Ils alléguèrent que la fabrique n'avait point le droit de s'ingérer dans cette affaire ; que d'ailleurs elle n'avait point obtenu l'autorisation de plaider etc.

Le trésorier prit les conclusions suivantes :

» Attendu que l'article 1er du décret du 30 novembre 1809, confère aux fabriques le pouvoir d'administrer les biens, rentes et tous les fonds qui sont affectés à l'exercice du culte ;

» Attendu que l'article 25 dudit décret charge le trésorier de procurer la rentrée de toutes les sommes dues à la fabrique à quelque titre que ce soit.

» Attendu que les défendeurs Vecchini ont géré pendant un an comme surveillants des biens affectés aux chapelles de St Jean et de St Michel, et que comme tels ils en ont perçu les revenus, et que les dites chapelles n'ayant aucun titre légal, sont une fraction de l'église paroissiale de la commune, reconnue par l'article 76 de la loi du 8 avril 1802.

» Attendu que l'article 78 du même décret du 30 novembre 1809, charge le trésorier de faire tous les actes conservatoires, et toutes les diligences nécessaires pour le recouvrement des revenus de la fabrique ; et le demandeur s'étant borné à demander seulement compte de la surveillance conférée aux défendeurs et la remise du livre qui doit constater ce qu'ils ont perçu pendant leur surveillance, n'a nullement besoin d'aucune autorisation, parce qu'il n'y a point procès proprement dit, mais des poursuites exercées pour parvenir au recouvrement ; etc.

Le 8 novembre 1842, M. Agostini, suppléant du juge de paix, rendit ce jugement interlocutoire :

» Considérant que l'article 78 du décret du 30 décembre 1809 donne charge aux trésoriers des fabriques de faire toutes les diligences nécessaires pour le recouvrement des revenus de la paroisse, sans autorisation préalable.

» Considérant que l'action intentée par le demandeur comme trésorier de la fabrique de Luri, est relative au recouvrement d'une portion du revenu de cette fabrique, qui aurait été perçue par les défendeurs, comme ayant géré, pendant l'année écoulée du vingt-quatre juin mil huit cent quarante et un au vingt-quatre juin dernier, les chapelles St Jean et St Michel dépendant de la dite fabrique ;

» Considérant que les défendeurs se sont bornés, au fond, à opposer qu'ils n'ont aucun compte à rendre à la fabrique de Luri dont ils ne sont d'aucune manière les débiteurs, et qu'ils n'ont pas élevé de contestations sur la propriété des chapelles dont s'agit :

» Considérant qu'en cet état la demande du trésorier a pu être formée et peut être poursuivie sans autorisation préalable, mais qu'elle doit être justifiée par les moyens de droit.

» Par ces motifs :

» Nous Agostini Dominique-Marie, premier suppléant de la justice de paix du canton de Luri, f. f. de juge, attendu le décès du titulaire;

» Disons qu'il n'y a pas lieu d'accueillir la fin de non recevoir proposée par les défendeurs sur ce que la demande formée contr'eux n'est pas étayée de l'autorisation préalable. Avant dire droit au fond, admettons le demandeur à justifier tant par titres que par témoins, à l'audience du vingt-deux novembre courant, que les défendeurs ont géré et administré les chapelles St Jean et St Michel dont s'agit en demande, et en ont perçu les revenus pendant l'année écoulée du vingt-quatre juin 1841 au vingt-quatre juin dernier, sauf la preuve contraire ; pour être ensuite statué par nous ce que de droit ; dépens réservés.

Le 29 novembre 1842, le même magistrat jugea définitivement. Voici sa décision :

» Attendu qu'il a été suffisamment prouvé au moyen des dépositions des témoins entendus dans l'enquête, que les défendeurs Vecchini ont géré et administré les chapelles S^t

Jean et S¹ Michel dépendant de la paroisse de la commune de Luri, et qu'ils en ont perçu les revenus pendant l'année écoulée du vingt-quatre juin 1841 au vingt-quatre juin dernier;

» Attendu que les sommes par eux perçues pendant cette administration s'élèvent à celle de quatre-vingt-dix francs, dont ils sont tenus de rendre compte au demandeur en sa qualité de trésorier de la fabrique;

» Attendu que la question de propriété, soulevée par les défendeurs le jour de l'audition des témoins, a été formée trop tardivement et dans le but évident d'échapper à une condamnation, tellement que nous ne pouvons en l'état ni l'admettre ni l'apprécier, sauf toujours à eux, si cette question leur paraît sérieuse et fondée, à se diriger devant qui de droit pour la faire valoir.

» Pour ces motifs :

» Nous Agostini Dominique-Marie, premier suppléant de la justice de paix du canton de Luri, f. f. de juge, attendu le décès du titulaire : faisant droit à la demande du demandeur sieur Tomei comme trésorier de la fabrique de Luri,

» Disons que les défendeurs Vecchini sont tenus de lui remettre dans le délai de huit jours tous les titres, papiers, registres, argent et autres objets, dont ils peuvent être détenteurs comme gérants des revenus des dites chapelles S¹ Jean et S¹ Michel, et qui appartiennent à ces mêmes chapelles; faute par eux de faire une pareille remise dans le délai prescrit, les condamnons conjointement et, au besoin, solidairement, à payer au demandeur dans sa qualité la somme de quatre-vingt-dix francs, montant des revenus par eux perçus pendant leur gestion des chapelles dont s'agit; condamnons les mêmes défendeurs aux frais du procès, etc.»

Pendant cette même année 1842, on sentit la nécessité de rétablir l'ordre dans les affaires de la chapelle de S¹ Sébastien. Depuis 1827, il n'y avait pas eu de comptes rendus par les procureurs. Le trésorier de la fabrique, par un exploit du 18 août 1842, assigna le sieur Dominique Franceschi à comparaître devant le juge de paix, pour se voir condamner à rendre compte de sa gestion comme procureur depuis l'année 1829 jusqu'à l'année 1834. Le sieur Franceschi, s'étant présenté devant le juge de paix, se soumit à ce qu'on exigeait de lui, et sans attendre un jugement, il rendit le registre et l'argent dont il était dépositaire.

En 1848, le sieur Gregorj assigna le berger Paravisini en dommages-intérêts, parce que ce dernier avait fait paître ses bestiaux dans un maquis appartenant au dit sieur Gregorj. Le berger n'avait fait qu'exercer un droit de servitude établi sur le maquis au profit de la chapelle de St Sauveur (hameau de Campo) et de la chapelle de N. D. des Grâces (hameau de Tufo). Le trésorier de la fabrique ayant pris fait et cause pour le berger, le juge de paix rendit, sous la date du 30 octobre, le jugement suivant :

» Attendu que des témoins de l'enquête à laquelle nous avons procédé, il résulte à la dernière évidence que les troupeaux de chèvres et de brebis de la commune de Luri, depuis un temps immémorial, jouissent du droit de parcours et de vaine pâture sur les maquis ou bois taillis placés sur certains territoires de la dite commune, et dans lesquels sont compris les biens désignés en demande ;

»Attendu que les usagers ont toujours exercé ce droit d'une manière prescriptible ;

Attendu que cette servitude est établie en faveur de différentes chapelles dépendantes de la fabrique de la commune de Luri, laquelle a perçu des usagers une somme annuelle en argent ;

» Attendu que dans l'espèce il s'agit du payement d'un dommage que le demandeur croit pouvoir réclamer parce que le berger Paravisini a fait pacager ses chèvres, comme il en a le droit, dans les maquis de lui demandeur désignés en demande ;

· » Attendu que la fabrique, par l'organe de son trésorier,

a pris fait et cause pour le défendeur, et a considéré la dite demande comme un trouble à la possession de la servitude de pacage établie en faveur des chapelles St Sauveur du hameau Campo, et Notre Dame des Grâces du hameau Tufo depuis un temps très-reculé, sur les bois taillis des territoires où se trouvent placés ceux du demandeur ; et il a par conséquent demandé la maintenue en possession de cette servitude ;

» Attendu qu'il s'agit de l'exercice d'une servitude qui n'a aucun caractère de précariété, et à l'égard de laquelle la maintenue en possession est admissible ; que du moment que cette possession est suffisamment justifiée, la fabrique doit y être maintenue et conservée ;

» Par ces motifs :

» Nous Tommasi, etc.

» Disons que la demande en dommages-intérêts du sieur Gregori n'est pas recevable contre le défendeur Paravisini, qui n'a fait que jouir d'un droit appartenant à la fabrique de Luri et envers laquelle il est seul responsable du payement de la taxe annuelle inhérente à ce droit.

» Conservons, au besoin, la dite fabrique de Luri en possession de la dite servitude de pacage sur les biens désignés en demande ;

» Condamnons le demandeur aux dépens.

Jugé le 30 octobre 1848.

Ainsi, grâce à M. Estela, l'administration des biens des chapelles était mise sur un pied de parfaite légalité. On devait lui en être d'autant plus reconnaissant, qu'il y avait parmi les procureurs une tendance manifeste à s'écarter des règles qu'ils avaient jadis observées. Sous l'ancien régime, elles étaient obligatoires et sanctionnées à la fois par le droit civil et par le droit ecclésiastique. Depuis la révolution, on les avait observées par habitude et par respect pour les traditions du passé. Mais ce respect allait toujours en s'affaiblissant et les irrégularités devenaient de plus en plus fréquentes. L'intervention d'une administration reconnue par la loi, c'est à dire de la fabrique, était donc indispensable. M. Estela, en régularisant de cette manière la situation des chapelles, avait fait acte, non seulement de bon magistrat, mais encore de bon citoyen ; on aurait dû entrer dans ses vues et respecter ce qu'il avait établi.

Mais voici ce qui arriva :

M. N...... un des principaux propriétaires établis à Luri, désirait acquérir une vigne appartenant à la chapelle de N. D. du Mont Carmel (hameau de Castiglione), vigne située à l'entrée du village, sur un chemin de grande communication, et ayant par conséquent, comme emplacement, une valeur bien supérieure à ce qu'elle pouvait valoir comme vigne.

M. N......, jugeant, apparemment, que ni les procureurs de la chapelle, en leur qualité de procureurs, ni la fabrique, ni le curé n'auraient consenti à cette aliénation, voulut se passer de leur consentement et se faire céder la vigne par divers habitants du hameau, agissant comme propriétaires, de la chapelle et de ses biens, système tout à fait nouveau et dont on n'avait jamais entendu parler dans la commune.

Un acte d'échange fut donc préparé, dans lequel plusieurs habitants de Castiglione étaient nommés en tête comme signataires ; ils stipulaient pour eux et répondaient *de rato* pour quelques autres. On nommait parmi eux, et en première ligne, M. Estela (Aurèle) qui néanmoins ne donna pas sa signature. Les deux procureurs en exercice signèrent, non pas comme procureurs, mais comme habitants du hameau.

En vertu de cet acte, les habitants susdits cédaient à titre d'échange, à M. N... *leur vigne* (celle de la chapelle), et M. N.... leur cédait à son tour neuf oliviers et un noyer avec le terrain où ils étaient plantés ; plus, quatre autres oliviers et un vieux mûrier situés sur un autre point. On évaluait tous

ces arbres 210 fr. On donnait la même valeur à la vigne, et
les parties étaient déclarées quittes l'une envers l'autre.

Pour concilier cette aliénation avec les droits de la chapelle, droits qu'on ne pouvait nier ni mépriser ouvertement,
on disait dans l'acte que **M. N......** recueillerait les fruits de
l'année qui étaient pendants sur les arbres, attendu que les
fruits de la vigne avaient été recueillis « *en faveur* des mê-
» mes habitants de Castiglione , lesquels fruits , attendu
» qu'ils avaient été toujours attribués à la chapelle du Car-
» mel à eux appartenant, avaient été employés *en faveur*
» de la dite chapelle , comme aussi on donnerait la même
» destination aux fruits des oliviers échangés , la chapelle
» devant toujours en avoir le *juspatronato*. (1)

On ne saurait rien imaginer de plus étrange. Si la chapelle et la vigne appartiennent en toute propriété aux habitants de Castiglione, l'une ne peut rien devoir à l'autre. Les
charges imposées à un immeuble au profit d'un autre supposent deux propriétaires différents et cessent d'exister lorsque les deux immeubles se réunissent dans les mêmes mains.

Quand et en quel lieu a-t-on ouï dire qu'il y ait, ou qu'il
puisse y avoir un droit de patronage appartenant à une église
sur des vignes ou des oliviers? Le patronage s'exerce sur
les églises mêmes par la nomination ou présentation aux
bénéfices, et on n'a jamais compté parmi les prérogatives
du patron le droit d'aliéner, ni même d'administrer les biens
de l'église placée dans sa dépendance.

Ainsi, quand même le droit de patronage aurait appartenu, non pas à la chapelle sur la vigne, ce qui est impossible,

---

(1) ...... Riservando a favore del signor N..... il frutto pendente delle
ulive, giacchè il frutto della vigna è stato raccolto a favore dei medesimi abitanti di Castiglione, che atteso è sempre stato addetto alla cappella di loro proprietà, chiamata il Carmine, ossia la Madonna del Carmine, è stato disposto in di lei favore , siccome lo sarà del frutto delle
ulive di cui trattasi, avendone essa però sempre il juspatronato.

mais aux habitants de Castiglione sur la chapelle, ils n'auraient point été autorisés à consentir l'échange dont il s'agit. Mais il n'y a ici de patronage d'aucune sorte. On ne trouverait ni titres, ni traditions, ni usages favorables à ce système. Aussi l'a-t-on promptement abandonné. Il n'en avait jamais été question avant l'acte d'échange, et on n'en a plus parlé depuis.

Reprenons le fil de notre récit.

L'acte d'échange avait été signé le 28 novembre 1847. En 1851, M. N... prend des arrangements avec un entrepreneur, pour faire bâtir sur le terrain de la chapelle dont il s'est emparé au moyen de l'acte d'échange. En 1853, le trésorier de la fabrique assigne M. N... pour le faire condamner à délaisser l'immeuble. M. N... demande que la fabrique soit déclarée non recevable, et il se fonde principalement sur ce que la fabrique *n'a pas été envoyée en possession.*

En présentant cette fin de non recevoir, M. N... renversait d'avance et détruisait par la base le système qu'il a embrassé plus tard, et d'après lequel la chapelle du Carmel serait un oratoire privé appartenant, avec ses biens, aux habitants du hameau. Il reconnaissait, au contraire, que les biens en question étaient d'anciennes propriétés ecclésiastiques, qui étaient tombées sous le coup de la confiscation générale et n'avaient rien de commun avec les propriétés privées.

Le tribunal ordonna une visite à l'effet de reconnaître s'il y avait identité entre la vigne en question et un immeuble qui faisait l'objet d'un envoi en possession accordé à la fabrique. Mais la visite devint inutile, la fabrique ayant déclaré elle-même que c'étaient deux propriétés différentes.

Apparemment, le tribunal, lorsqu'il ordonna la visite, ne tenait pas encore pour certain que les biens de la chapelle du Carmel eussent été vendus par l'État, acquis par M. Giuseppi, et rendus par ce dernier à leur destination; car s'il avait regardé la vente comme un fait incontestable, il aurait immédiatement écarté la question relative à l'envoi en possession, l'État n'ayant plus d'investiture à donner pour des biens dont il s'était dessaisi par une aliénation en bonne et due forme.

Quoi qu'il en soit, le tribunal, par un jugement du 11 août 1854, commença par déclarer qu'*il était constant au procès* que l'immeuble en litige avait formé originairement *la dotation de la chapelle de N. D. du Mont Carmel.* Mais il rejeta la demande de la fabrique, en se fondant sur les motifs suivants :

1° Quoique le conseil de fabrique, ou mieux encore le curé de l'église paroissiale de Luri se soient souvent immiscés dans l'administration des biens composant la dotation de cette chapelle, on n'en saurait inférer que ces biens appartiennent à l'église paroissiale, et partant que la fabrique ait qualité pour poursuivre l'action en délaissement.

2° Il faut retenir que la chapelle de N. D. du Mont Carmel ne saurait en aucune manière être assimilée aux chapelles et annexes dépendant des cures ou succursales, car n'étant point érigée légalement, elle ne peut pas jouir des droits attachés aux chapelles ayant une existence légale.

3° Ces églises n'ont pas d'intérêt à obtenir le titre légal d'annexe qui peut seul, ainsi que le fait remarquer M. Affre, les placer dans la dépendance de-la cure ou succursale.

4° Il doit d'autant mieux en être ainsi que la chapelle en question n'a jamais été desservie par un chapelain, et qu'on n'y célèbre le service divin qu'une seule fois dans l'année, à l'occasion de la fête patronale.

5° Ce qui prouve à la dernière évidence que la chapelle en question, pas plus que les biens qui en dépendent, n'ont jamais été considérés commé faisant partie du patrimoine de la paroisse, c'est que postérieurement à la loi du 7 thermidor, portant restitution des biens des fabriques non aliénés, la vigne objet du litige a été vendue aux enchères à la diligence de l'administration des domaines.

6° Lors de la demande faite par la fabrique de Luri à l'effet d'être envoyée en possession des biens de l'église paroissiale, ladite vigne n'a pas été comprise dans la demande, ni dans l'arrêté d'envoi en possession.

7° Cette vigne a été cédée à plusieurs habitants de Castiglione par Antoine-Marie Giuseppi sans qu'il y ait eu intervention ni de la part de la commune, ni de la part du conseil de fabrique. Ces mêmes habitants de Castiglione ont donné la vigne à N...... en échange d'autres immeubles. *Sans examiner s'ils avaient ou non le droit d'aliéner l'immeuble*, on doit retenir comme constant que cet immeuble n'a jamais fait partie des biens de la fabrique. Par conséquent le trésorier est sans qualité pour poursuivre le délaissement de cet immeuble en faveur de l'église paroissiale.

Tels étaient les considérants du jugement du 11 août 1854. Nous serions porté à croire que devant le tribunal la discussion ne reçut point tous les développements dont elle était susceptible. Nous nous inclinons devant la chose jugée; mais elle n'est jugée qu'à l'égard des parties qui étaient alors en cause, et comme la question pourrait se présenter de nouveau par rapport à d'autres biens ou à d'autres individus, nous avons intérêt à discuter les motifs allégués contre la fabrique; c'est ce que nous ferons tout à l'heure.

La fabrique interjeta appel du jugement rendu par le tribunal; mais, par une erreur qui lui a été fatale, elle se crut obligée de produire un arrêté d'envoi en possession, et cela comme une condition *sine quâ non* du succès de son appel. Elle sollicita donc l'arrêté, mais voyant qu'elle ne parvenait pas à l'obtenir, elle perdit tout espoir, et signa, avec son adversaire, une convention par laquelle elle se désistait de son appel. Une fois le délai expiré, la partie adverse demanda la péremption de l'instance.

La discorde s'étant mise de nouveau entre les parties à l'occasion du paiement des frais du procès, il y eut une tentative de conciliation. Nous fîmes nous-même des démarches à cette fin, et nous les fîmes beaucoup moins dans le but de régler la question des frais, dont l'importance était tout à fait secondaire, que pour parvenir, s'il était possible, à sauver les principes, en régularisant l'échange de la vigne, au moyen d'un acte passé entre l'acquéreur de cet immeuble et la fabrique, avec toutes les formalités requises pour l'aliénation des biens des églises. La chose nous semblait d'autant moins difficile que, d'après l'acquéreur, la valeur des arbres par lui cédés était au moins égale à celle de la vigne. Cette assertion n'étant pas encore démentie par des renseignements qui eussent à nos yeux un caractère de véritable certitude, nous désirions très-vivement qu'on donnât à l'échange une forme régulière, parce que, ce point une fois obtenu, tous les biens encore possédés par les chapelles étaient ou pouvaient être sauvés; tandis que l'échange effectué sans le concours de la fabrique autorisait d'autres actes semblables et ouvrait la voie à l'entière spoliation des chapelles. Ce précédent était d'autant plus grave qu'il s'établissait malgré l'opposition formelle de la fabrique et à la faveur d'un jugement rendu contre cette dernière.

L'acquéreur de la vigne ne voulut point céder à nos instances. D'un autre côté, nous eûmes bientôt entre les mains la copie de deux actes d'où résultaient les faits suivants :

Le 15 septembre 1857, M. N... a cédé une partie de la vigne au sieur Soldi, entrepreneur de bâtiments, lequel s'est engagé à lui remettre, comme prix du terrain, un appartement de trois pièces estimées chacune 500 fr. — Total 1,500 fr.

Dans la cession de terrain consentie par M. N... se trouvaient compris les matériaux amassés sur l'emplacement, c'est-à-dire les pierres faisant partie des murs construits par le précédent entrepreneur jusqu'à la hauteur de 1 mètre 75 centimètres au-dessus du sol, murs qui, aux termes du contrat, devaient être démolis parce que le plan de la maison n'était plus le même. Toutes ces pierres réunies ne valaient pas plus de 3 à 400 francs.

Le 2 novembre 1857, et dans le but d'agrandir la maison, M. N... a cédé à l'entrepreneur une nouvelle lisière de terrain, large d'un mètre et demi, et sans matériaux. Pour cette nouvelle parcelle de terrain M. N... doit recevoir de l'entrepreneur une quatrième pièce, évaluée 500 fr.

Total général du prix perçu par M. N:.., sauf à déduire la valeur des matériaux, 2,000 francs.

Plus, il reste à M. N... une portion de vigne où l'on peut bâtir au moins une seconde maison égale en valeur à la première. — Total 4,000 francs.

En échange de cette valeur, M. N... a donné seize arbres éparpillés en deux endroits différents et estimés 210 fr.

Telle était la convention passée entre M. N... et une partie des habitants de Castiglione.

Il devenait urgent de pourvoir à la conservation des biens que les chapelles possédaient encore. M. le curé de Luri, en vertu des instructions qu'il avait reçues de ses supérieurs ecclésiastiques, dut engager les habitants des divers hameaux à signer des actes destinés à mettre hors de toute contestation les droits de la fabrique par rapport à l'administration des biens des chapelles. Les habitants du hameau de Campo signèrent l'acte suivant :

«Fra noi sottoscritti abitanti del Campo, proprietarii, domiciliati in Luri, da una parte, e dall'altra il consiglio di fabbrica di questa parrocchia, autorizzato da Monsignor Vescovo in data del 20 settembre dell'anno 1857; per mezzo di quest'atto privato che vogliamo esser valido come se fosse rogato da pubblico notaro, abbiamo convenuto come segue, cioè : noi abitanti del Campo riconoscendo, siccome abbiamo sempre riconosciuto, che le due cappelle, una sotto il titolo di San Salvadore antica parrocchia di questo comune, e l'altra sotto il titolo di San Sebastiano, ambedue situate nel territorio di Luri; San Salvadore è distante dal villaggio del Campo dieci minuti; San Sebastiano è situato in mezzo dell'istesso villaggio; sono vere cappelle di soccorso dove il parroco, col

permesso del Vescovo, va di tratto in tratto a dirvi la messa,
a confessarvi e comunicarvi i vecchi e gl'infermi; quindi
vogliamo che siano rette ed amministrate puramente e sem-
plicemente dal consiglio di fabbrica, sola autorità legale ri-
conosciuta in Francia, e così togliere ogni.equivoco e discus-
sione che potrebbe nascere in avvenire, siccome è nato con
sommo scandalo, cogli abitanti di alcuni villaggi di questo
comune. Alla condizione espressa e formale, senza tergiver-
sazione nè ambiguità, che tutti i rivenuti, doni, elemosine,
e prodotti di questue o qualunque siasi rivenuto proveniente
dalle macchie o vani pascoli siano unicamente impiegati a
pro di dette cappelle e ad esse appartenenti. E che il teso-
riere in suo ajuto prenderà sempre, come per l'innanzi, due
procuratori ed un cassiere del villaggio.

»E noi membri del consiglio di fabbrica di S. Pietro di Luri
accettiamo la dichiarazione qui sopra espressa, e promettia-
mo, tanto a nome nostro che dei nostri successori, di mante-
nere tali condizioni, siccome vuole il dritto civile e canoni-
co, che tutti i rivenuti, doni, elemosine, prodotti di questue
o qualunque siasi rivenuto proveniente dalle macchie o vani
pascoli, siano unicamente e assolutamente impiegati a pro
di dette cappelle e ad appartenenti.

» Quest'atto è sottoscritto da 27 capi di famiglia.

» Enregistré à Rogliano, le dix-huit juin 1858.

LEVIE.

Des actes conçus dans les mêmes termes furent signés
par les habitants de *Spergane* pour la chapelle de Saint-
Joseph, de *Poggio* pour la chapelle de Saint-Antoine abbé,
de *Piazza* pour la chapelle des SS. Jacques et Philippe,
apôtres, d'*Arenola* pour la chapelle de l'Immaculée Concep-
tion, et de *Castello* pour la chapelle de Saint-Michel et
Saint-Jean Baptiste.

Avant même que ces actes eussent été signés, les habitants de *Campo* avaient imploré l'intervention du Conseil de
fabrique, pour obtenir le paiement de certaines sommes dues

à leur chapelle. Voici la requête qu'ils présentèrent au conseil.

Ai signori, presidente e membri componenti il Consiglio di Fabbrica della chiesa parrocchiale di Luri.

SIGNORI,

» Gli sottoscritti, proprietarj, abitanti il villaggio de Campo di Luri, hanno l'onore di esporvi ciò che segue, con rispetto :

» Che risulta sopra del libro della cappella comunale di San Salvadore di Luri, diversi proprietari sono debitori alla detta cappella, e non da essi ignorato, e che malgrado le loro buone intenzioni di pagare, ma per altro senza effettuarne il pagamento.

Gli detti debitori, o signori, sono i seguenti :

1° Il sig. Angelo Francesco Gregorj, del Tufo. fr. 61   »
2° Bonfilj Angelo Fr., del Campo . . . . »   25 25
3°   Id.   id.   il valore di 30 libbre olio. »   30   »
4° Il detto Gregorj ha percepito dai pastori di circolo dal 1846 al 57 . . . . »   132   »
5° Franceschi Pietro Francesco, per 1[4 dei prodotti della vigna situata al chioso, dal 1845 al 1857, 12 anni a 2 fr. 50 c. all'anno . . . . »   30   »

Totale di queste cinque partite . . . . fr. 278 25

» Che avendo incamminato dei lavori in riparazione della casetta di detta cappella situata nel detto villaggio del Campo, come pure la detta cappella, v'abbisogna delle somme a supplire alle spese di dette riparazioni.

Che delle diligenze e vie amichevoli sono state operate con i detti debitori, che invano sono state queste amichevoli dimarcie.

» Quindi, i signori sottoscritti ricorrono alla loro autorità fabriciera, affine col mezzo loro, i detti debitori venghino

costretti a pagare quanto devono alla detta cappella per le
vie legali, e farete bene.

» Frattanto, in attesa di quest'atto di giustizia, hanno l'onore d'essere col dovuto rispetto , Signori , i loro devoti servi-
tori :

» Incaricato da Stefano Germoni, 1 G. G. Germoni;
2 Gio. Andrea Marsigli ; 3 Domenico Andrea Germoni;
4 Santini Joseph-Marie; 5 Giuseppe Pietri ; 6 Santini Antonio ; 7 Pietro Battista Cervoni ; 8 Giacomo Antolini ; 9 Santini Angelo Francesco ; 10 Domenico Santini; 11 G. G. Germoni; 12 Domenico Andrea Santini; 13 Domenico Franceschi ; 14 Joseph Padovani ; 15 Tomei Anton Giacomo;
16 Cervoni Domenico ; 17 Giovanni Santelli.

» Vu par le Conseil de Fabrique, lequel autorise le trésorier
de faire toutes les diligences possibles pour induire les débiteurs énoncés dans le mémoire ci-contre, à payer ce qu'ils
doivent, et ce par les voies amiables, si faire se peut; différemment les obliger par les voies judiciaires.

» A Luri, le 13 septembre 1857.

Giacomo Mari : — Levie ; — Santamaria; — J.-B. Bernar-
di ; — Dominici, président.

Ces actes qui établissent de plus en plus le droit de la
fabrique, ont été suivis d'une nouvelle sentence du juge de
paix, rendue le 18 juillet 1858.

Le sieur Tomei était assigné par le trésorier de la fabrique
en paiement d'une somme de 48 fr. 05 cent. qu'il devait à la
chapelle de Saint-Sébastien (hameau de *Campo*).

Cette fois le débiteur n'était pas livré à lui-même. Il suivait les inspirations du mauvais génie qui avait présidé à
l'aliénation de la vigne de N. D. du Mont Carmel. Le système
du *juspatronato* (1) était abandonné, mais il y en avait un
autre, sorti de la même fabrique, et on cherchait à le mettre

(1) Voir plus haut, pag. 150.

en circulation, beaucoup moins dans l'intérêt du sieur Tomei que dans celui des personnes dont il recevait les conseils. Pour arriver au but qu'on voulait atteindre, on brouil-
lait tout et l'on confondait ensemble les choses les plus
diverses. Ces conclusions méritent d'être rapportées en entier. Les voici :

» Attendu que quoique la chapelle de Saint Sébastien eût
été d'institution ecclésiastique, elle n'aurait jamais été comprise dans la catégorie des biens qui, en vertu de l'arrêté
du 7 thermidor an XI, auraient dû être restitués à la fabrique, parce qu'elle n'a jamais été, même avant la révolution,
la propriété de la fabrique ni possédée par elle. A plus forte
raison s'agissant, dans l'espèce, d'une chapelle laïque qui
n'a aucune existence légale, constamment jouie en société
par des particuliers, depuis un temps immémorial jusqu'à
ce jour, s'agissant enfin d'un oratoire particulier non autorisé et entièrement de domaine privé. (Voir le Traité de Mgr.
Affre sur l'administration temporelle des paroisses.) Et en
effet si la chapelle dont s'agit et ses accessoires eût appartenu à la fabrique et qu'elle eût été possédée par celle-ci, le
conseil de fabrique l'aurait bien comprise dans sa demande
d'envoi en possession de tous les biens et rentes de la paroisse adressée au Gouvernement, ainsi qu'il résulte de l'arrêté d'envoi en possession du 22 mars 1837 et des décisions
judiciaires rendues dans des questions analogues ;

» Attendu que la tentative de spoliation exercée au préjudice de ses véritables propriétaires et possesseurs, parmi
lesquels il y a aussi le concluant, par le demandeur et quelqu'un de ses collègues, pour obtenir des signatures de renonciation à la chapelle et à ses accessoires, est la preuve la plus
manifeste que ces administrateurs reconnaissent eux-mêmes de n'avoir aucun droit légitime à exercer contre qui que
ce soit pour ce qui concerne la chapelle Saint Sébastien.

» Attendu, au surplus, que le concluant conteste avec droit
le fond auquel est naturellement subordonné l'accessoire,

d'où il s'ensuit que le tribunal de paix est incompétent à
statuer sur la demande du trésorier, qui est même sans qualité, faute de l'envoi en possession prescrit par l'arrêté du
conseil d'État du 23 décembre 1806, approuvé le 25 janvier 1807 ;

» Par ces motifs :

» Plaise au tribunal de paix débouter purement et simplement le trésorier de la fabrique de Luri de son injuste, illé-
gale et vexatoire demande ; le condamner en faveur du concluant à 100 fr. de dommages-intérêts et aux frais. »

Ainsi, on commençait par confondre la chapelle de Saint-
Sébastien, qui n'avait jamais été érigée en bénéfice, avec
les chapelles érigées en chapellenies ; et on faisait d'elle
une chapelle de collation laïcale. Ensuite elle devenait une
propriété privée possédée *en société* par des particuliers, et
cela de *temps immémorial*, bien qu'on la considérât comme une propriété ecclésiastique à laquelle devaient être appliquées les règles concernant l'envoi en possession. Enfin,
ce n'était plus ni un bénéfice, ni un immeuble possédé en
société, mais un *oratoire privé*.

Ce singulier plaidoyer n'obtint pas le succès qu'on s'en
promettait. Le juge de paix envisagea la question sous son
véritable aspect et rendit le jugement suivant :

« Attendu que le défendeur a convenu d'être débiteur envers la chapelle Saint-Sébastien, sise au hameau *Campo*,
commune de Luri, de la somme de 48 fr. 5 c. dont est demande ; — que seulement il entend payer cette somme entre
les mains des procureurs de ladite chapelle, et de ne point
reconnaître le trésorier de la fabrique, par la raison que ladite chapelle est un oratoire privé et que comme tel il ne
dépend pas de la fabrique ;

» Qu'il a aussi excipé que cette dernière n'ayant pas l'envoi en possession prescrit par l'avis du Conseil d'État du 23
décembre 1806, le trésorier se trouve n'avoir aucune qualité ;

» Attendu, quant à ce, qu'il n'est pas nécessaire de s'en occuper, ne s'agissant pas de revendiquer un immeuble, mais seulement d'exiger le payement d'une somme liquide ;

» Attendu, quant à l'autre exception soulevée par le défendeur, que la chapelle dont il s'agit est incontestablement une chapelle de secours, affectée au service divin, et qu'en conséquence elle relève de la fabrique et ne peut avoir d'autre représentant légal que le trésorier de cette même fabrique ; que si, à titre de simple tolérance, on a pu laisser l'administration des revenus de cette chapelle à des fidèles prenant le titre de procureurs, ceux-ci n'ont aucun caractère légal pour ester en jugement, le véritable représentant, celui qui a seul qualité pour agir valablement en justice, étant le trésorier de la fabrique de la commune ;

» Mais attendu que le défendeur avait offert de se libérer en payant dans les mains des procureurs ; qu'étant alors intervenu un de ces derniers, le sieur Santini Dominique, le trésorier a demandé acte de ce qu'il adhérait à ce que le payement fût effectué dans les mains dudit Santini, d'autant mieux qu'il lui a donné pouvoir de toucher les revenus de ladite chapelle ;

» Que de cette manière le défendeur lui-même devrait être satisfait, puisque la crainte que la somme qu'il doit ne soit détournée au profit de la fabrique n'a plus aucun fondement ;

» Nous Tommasi, etc...., donnons acte au sieur Santini, procureur de la chapelle Saint-Sébastien de son intervention ;

» Donnons acte au trésorier de ce qu'il adhère à ce que le payement de la somme dont il s'agit soit effectué dans les mains dudit Santini, auquel il a donné pouvoir de percevoir les revenus de la chapelle, de toucher le montant de ses créances, et d'en donner bonne et valable quittance ;

» De même suite condamnons le défendeur Tomei à payer la somme de 48 fr. 3 c. dont est procès audit trésorier de la

11

fabrique demandeur, et pour lui au sieur Santini Dominique
autorisé par ce dernier, et disons qu'en payant entre les
mains de lui Santini, il demeure valablement libéré ;

» Accordons audit Tomei le délai de 2 mois à compter de
ce jour pour acquitter ladite somme ,

» Compensons les dépens, etc.

» Jugé...... le 26 juillet 1858. »

Quoiqu'il y eût encore quelques résistances, il était permis
d'espérer que tous les hameaux finiraient par se mettre en
règle. Mais ce qui allait se faire était la condamnation de
ce qui s'était fait pour la vigne de N. D. du Mont Carmel ;
et comme le conseil de fabrique n'avait pas définitivement
renoncé à recouvrer cet immeuble (1), on était intéressé à
faire en sorte que son autorité sur les chapelles ne fût pas
reconnue.

On commença donc à remuer ciel et terre pour soulever
la population de Luri contre le conseil de fabrique, et surtout contre le curé. A ces premiers éléments de désordre
sont venues se joindre d'autres passions que nous n'avons
pas besoin de qualifier , car elles se trahissent assez par
leur langage. L'aveugle crédulité des habitants a été si bien
exploitée, que les fabriciens et le curé, dont tout les efforts
tendent à sauver les biens des chapelles , sont maintenant
accusés, par beaucoup de personnes, de vouloir dépouiller
les chapelles au profit de l'église paroissiale.

Ni le curé ni les fabriciens ne demandent rien pour eux-

---

(1) Plusieurs habitants de Castiglione qui n'ont pas concouru à l'a-
liénation de la vigne appartenant à la chapelle du Carmel, se sont dé-
cidés à faire usage des droits de *propriété* qu'on leur attribue sur les
biens de la chapelle, et à s'en servir pour conserver ces biens à leur destination, comme d'autres s'en sont servis pour consentir des aliénations
illicites. En conséquence, ils ont cédé tout récemment leurs droits à M.
le Curé de Luri, pour qu'il les fasse valoir en se conformant à leurs intentions.

mêmes ; ils ne visent pas non plus à enrichir la paroisse des dépouilles des chapelles. La lutte qu'ils ont entreprise n'a pour eux rien que d'honorable. S'ils n'avaient consulté que leurs intérêts et ceux de l'église paroissiale, ils seraient demeurés en repos, car ils n'avaient rien à attendre pour leurs personnes que des désagréments, des injures et des calomnies, et pour la paroisse, rien que des frais de procès dont elle ne sera jamais dédommagée.

Pour les pousser et pour les soutenir dans une voie si pénible, il ne fallait rien moins qu'un vif sentiment de leur devoir, et des instructions très-précises émanées de l'Évêché.

L'autorité épiscopale ne pouvait pas permettre l'inauguration d'un système dont les effets présents et futurs sont très-visibles pour tout œil un peu exercé. Aussitôt que Mgr. l'Évêque a eu connaissance des faits déplorables qui se passaient dans la commune de Luri, il a jeté l'interdit sur les chapelles, afin de faire comprendre à la population que l'exercice du culte dans ces édifices était subordonné à l'accomplissement des mesures nécessaires pour la conservation de leurs propriétés.

Les ordres de l'Évêque ont été méprisés aussi bien que les exhortations du curé et des fabriciens. En dépit de l'interdit, on s'est réuni dans les chapelles pour y faire des prières publiques n'ayant d'autre caractère que celui d'un outrage à Dieu, et d'un mépris ouvertement professé pour les lois de l'Église. Égarés par de mauvais conseils, plusieurs individus ont cru devoir faire acte de *propriété* sur les chapelles ; en certains hameaux ils les ont dévastées ; ils ont voulu fermer au curé l'accès des chapelles non interdites ; ils l'ont assigné pour faire déclarer par les tribunaux qu'il ne pourra plus y célébrer le saint sacrifice. Enfin, les auteurs de l'échange de la vigne, après avoir supprimé depuis l'année 1850 toute administration et toute reddition de comptes pour les biens de la chapelle du Carmel, se sont partagé l'huile appartenant à cette petite église. Aujourd'hui l'agitation règne dans toute la paroisse.

Après avoir exposé les faits, nous allons aborder la question de droit.

Les chapelles situées dans les hameaux de Luri sont-elles des propriétés privées et appartenant en cette qualité aux habitant desdits hameaux ?

Avant la révolution, ces chapelles étaient des propriétés ecclésiastiques. Cela résulte très-clairement de tous les faits que nous avons exposés relativement à leur ancienne organisation, ainsi que de la confiscation et de la vente de leurs biens comme propriétés nationales.

On trouve aussi la démonstration de cette vérité dans les débats judiciaires auxquels a donné lieu l'aliénation de la vigne acquise par M. N.... L'adversaire de la fabrique, en soulevant la question de l'envoi en possession, et le tribunal en cherchant à la résoudre, ont prouvé que, de l'aveu de tous, il s'agit ici d'anciennes propriétés ecclésiastiques, personne n'ayant jamais prétendu que la formalité de l'envoi en possession soit applicable aux propriétés privées.

Depuis la révolution jusqu'à l'année 1811, les chapelles et leurs biens, qui n'avaient pas encore été mis en vente ni même saisis par l'État, appartenaient à la catégorie des biens célés au domaine, biens que les fabriques ont le droit de réclamer en s'adressant au gouvernement.

En 1811 eut lieu la vente des biens des chapelles. M. Giuseppi, maire de Lùri, après les avoir acquis, s'en dépouilla au moyen d'un acte authentique dont nous avons déjà parlé.

A qui appartient, en vertu de cet acte, la propriété des biens des chapelles?

On nous dit qu'elle a été cédée aux habitants des hameaux. Mais quels sont ces habitants, et quelle est la nature de la propriété qu'on leur attribue?

Nous remarquons en premier lieu que M. Giuseppi cède

ses droits aux *notables et particuliers* des hameaux. Ces expressions, assez incertaines par elles-mêmes, puisqu'elles ne semblent pas s'appliquer à la totalité des habitants, sont expliquées par un autre passage de l'acte de cession où il est dit que les biens appartiendront aux *notables ou propriétaires* : « promettono che il predetto convento e detta » parrocchia, con tutti i beni dipendenti dell'uno e dell'altra » e contenuti nei predetti processi di vendita, saranno sem- » pre assoluta proprietà del detto comune, ossia degli suoi » abitanti, siccome pure lo saranno di quei *particolari no-* » *tabili o proprietarj* i beni provenienti da dette chiese e » cappelle.

S'il fallait donc s'en tenir à la lettre de l'acte, les biens des chapelles seraient devenus la propriété des individus qui, à l'époque de la cession susdite, étaient établis dans les hameaux et avaient la qualité de *notables* ou *propriétaires.* Ils seraient passés ensuite aux héritiers de ces mêmes individus, à l'exclusion de toute autre personne, et surtout de celles qui sont venues s'établir dans chaque hameau après la cession. Il faudrait dire en outre que les *notables ou propriétaires* se sont trouvés investis du droit d'aliéner les biens, de se les partager et d'en faire ce que bon leur semble, sans donner un centime aux chapelles, car l'acte de cession n'attribue aucun droit à ces dernières; il est fait sans conditions ni restrictions, et comme il s'agissait de propriétés privées, cédées comme biens ordinaires et exempts de toutes charges, la dotation des chapelles serait anéantie. Il faudrait encore, dans ce système, qu'on remontât, par de longues et difficiles recherches, jusqu'à l'époque de la cession, pour savoir quels étaient alors les *notables* et *propriétaires* et quels sont les héritiers auxquels ils ont transmis leurs droits.

Mais personne jusqu'ici n'a soutenu cette opinion. Le tribunal de Bastia ne l'a pas adoptée dans son jugement relatif à la vigne de la chapelle du Carmel, car il n'a pas voulu résoudre la question de savoir si les individus qui ont aliéné cet immeuble *avaient ou non le droit de l'aliéner*. Or s'ils n'ont pas le droit d'aliéner, ils ne sont pas propriétaires dans le sens ordinaire de ce mot.

Les biens des chapelles seraient donc des propriétés appartenant, d'une certaine manière, à un corps moral formé de *plusieurs* habitants de chaque hameau (1), corps moral n'ayant point d'existence légale, et dont les éléments ainsi que les attributions ne seraient point parfaitement connus.

Ce système qu'aucune loi n'autorise ne supporte pas l'examen. Puisqu'on parle tant de *légalité* lorsqu'il s'agit de repousser les justes réclamations des fabriques, qu'on commence par nous donner l'exemple, en s'abstenant de soutenir des opinions n'ayant rien de légal, pas même l'apparence. Si la cession Giuseppi doit être prise à la lettre, on a déjà vu comment il faut l'entendre et comment elle aurait pour effet d'enlever aux chapelles tout ce qu'elles possèdent.

Que si l'on veut parler des intentions en vertu desquelles cet acte a été passé, nous affirmons, sans crainte d'être contredit, que l'intention des parties contractantes a été de rendre ou pour mieux dire de conserver à leur destination les biens de l'église paroissiale et ceux des chapelles. Le Conseil de fabrique, qui n'était pas nommé dans l'acte comme administrateur des biens paroissiaux, ne pouvait pas l'être comme administrateur des biens des chapelles. Peut-être craignait-on d'exposer les propriétés à quelque nouvelle confiscation en les attribuant à la fabrique. Quoi qu'il en soit, on voulait conserver intacte la dotation des chapelles, et la manière dont l'acte Giuseppi a été exécuté le prouve surabondamment. Les biens ont été administrés, comme jadis,

---

(1) Non pas à tous les habitants de chaque hameau, mais à *plusieurs*, comme le dit fort bien le jugement du 11 août 1854. Il faudrait faire un triage.

par des procureurs soumis à l'autorité du curé. Avant l'aliénation de la vigne appartenant à la chapelle du Carmel, les habitants n'avaient jamais prétendu faire acte de propriétaires; cette aliénation même n'a été qu'un acte isolé, attaqué par la fabrique et réprouvé par l'opinion générale. Quant aux actes de vandalisme et de frénésie auxquels on a poussé une partie de la population, ce sont des faits tout récents, des dérogations violentes à l'ordre établi, imaginées pour le besoin de la cause qu'on veut défendre, et ne prouvant autre chose que l'impossibilité où l'on se voit de concilier avec la marche habituelle des affaires le système sur lequel on s'appuie.

L'acte Giuseppi ne pouvant pas être opposé à la fabrique, puisqu'en réalité il ne confère la propriété des biens des chapelles à aucun particulier, ni même à un corps moral légalement organisé, voyons quelle est la valeur des autres moyens invoqués contre les fabriciens.

Nous n'avons pas besoin de répondre à l'objection tirée de ce que la fabrique n'a pas été envoyée en possession par le Gouvernement. On sait que l'État ayant vendu les biens, il n'a plus d'envoi en possession à prononcer.

On dit : les biens des chapelles ont été vendus postérieurement à l'arrêté du 7 thermidor an XI qui ordonnait la restitution des biens des fabriques non aliénés; donc ils n'ont jamais été considérés comme faisant partie du patrimoine de la paroisse.

Cet argument ne prouve rien, parce qu'il prouverait trop. En effet, le même acte qui constate la vente et le rachat des biens des chapelles, constate la vente et le rachat des biens paroissiaux, pendant la même année 1811. L'acte fait une mention expresse de la vente des biens appartenant à la chapelle du Purgatoire, une des chapelles intérieures de l'église paroissiale, et dont les biens revenaient de plein droit à l'église susdite. Dira-t-on que les biens paroissiaux, parce qu'ils furent vendus, ne faisaient pas partie du patrimoine de la paroisse? Ces aliénations furent abusives et ne prouvent rien contre la fabrique. Nous ne soutenons pas, d'ailleurs, que les biens des chapelles faisaient déjà partie du patrimoine de la paroisse. Nous nous contentons d'affirmer que c'étaient des biens ecclésiastiques dont la propriété n'était encore acquise à personne.

Les chapelles de Luri, dit-on, n'ont jamais eu de chapelains; mais c'est précisément ce qui démontre la vérité de notre assertion, savoir qu'elles étaient jadis en fait et en droit, et qu'elles sont encore en fait de véritables chapelles de secours, n'ayant point de service ecclésiastique à elles propre et mises entièrement à la disposition du curé. Et cela nous explique encore la rareté des messes ou des offices qu'on y célèbre, car le curé et son vicaire ne peuvent pas desservir habituellement dix-huit églises, sans compter l'église paroissiale; ils doivent se borner à se transporter là où le besoin l'exige.

On affirme à la fois : 1° que les chapelles en question ne peuvent pas être défendues devant les tribunaux, parce qu'elles n'ont point d'existence légale; 2° qu'elles n'ont pas d'intérêt à obtenir le titre légal d'annexe qui peut seul les placer dans la dépendance de la cure ou succursale. Or ces deux assertions sont contradictoires et s'excluent mutuellement.

On cite, à ce sujet, M. Affre. Voici comment s'exprime ce savant auteur :

A la page 34 de son ouvrage, note 4, (5e édition), il fait observer que les églises où l'exercice du culte catholique n'est que toléré ont un grand intérêt à obtenir le titre de chapelles (vicariales) qui les rendrait propriétaires des édifices consacrés au culte, ainsi que du presbytère, et leur permettrait de rentrer dans la jouissance des biens qui leur avaient autrefois appartenu; mais qu'elles ont peu d'intérêt à obtenir le titre d'annexes qui ne changerait rien ou presque rien à leur position.

Cette dernière assertion serait évidemment fausse si, comme on le prétend, les églises ou chapelles simplement tolérées ne pouvaient pas être administrées et défendues par la fabrique paroissiale. Elles se trouveraient alors dans une position très-inférieure à celle des annexes, qui, sans avoir une existence légale à elles propre, ont, dans les fabriciens paroissiaux, des administrateurs reconnus par la loi et capables de les défendre devant les tribunaux.

Pour expliquer l'opinion de M. Affre, il faut nécessairement supposer qu'il pensait, comme nous le soutenons à notre tour, que les églises et les chapelles tolérées peuvent être placées, aussi bien que les annexes, sous l'autorité de la fabrique paroissiale. Dans ce système, il est très-vrai de dire que le titre légal d'annexe accordé à ces églises ne changerait presque rien à leur position. Telle était, sans doute, la pensée de M. Affre. Aussi s'est-il bien gardé de dire que *le titre d'annexe peut seul placer* les églises en question *sous la dépendance de la cure ou succursale*. S'il avait tenu ce langage, son raisonnement au sujet de la position où se trouvent ces églises manquerait tout-à-fait de justesse. On ne peut pas soutenir en même temps qu'une église dépourvue de titre légal est privée de la protection de la fabrique, et qu'elle n'a pas d'intérêt à obtenir le titre qui la ferait jouir de cette protection.

Mais pourquoi les chapelles de Luri n'ont-elles pas l'existence légale? Parce qu'elles ne peuvent pas l'avoir. Ces églises n'ont jamais été et ne seront jamais que des chapelpelles de secours. Quel titre, en effet, leur donnerait-on? Celui de *paroisse?* Impossible, pour dix-huit chapelles situées sur le territoire d'une seule commune? Celui de *chapelles vicariales?* Impossible, par la même raison. Celui d'*annexes?* Également impossible, car on n'aurait pas assez de prêtres pour les desservir; on ne saurait, d'ailleurs, sans inconvénient, multiplier à ce point les services paroissiaux ou quasi-paroissiaux dans une seule commune (1). Il ne resterait donc qu'à les ériger légalement en chapelles de secours. Mais si elles étaient légalement reconnues en cette qualité, elles auraient toutes des droits éventuels à une subvention de la commune. Or aucun homme de bon sens ne prétendra qu'on doive mettre à la charge de la commune de Luri la conservation et l'entretien de 18 petites églises, sans compter l'église paroissiale.

Il faut donc qu'on laisse ces chapelles dans la catégorie des églises simplement tolérées, et que sans réclamer pour elles, ni actuellement, ni éventuellement, une partie des deniers municipaux, on se contente de mettre à l'abri du pillage le petit patrimoine dont elles sont redevables à la piété des fidèles.

Or les moyens d'atteindre ce but ne sont pas difficiles à trouver.

Les adversaires des chapelles ou, si l'on aime mieux, de la fabrique, prétendent qu'il faut examiner si cette dernière est propriétaire dans le sens rigoureux de ce mot, et que la preuve de ce fait n'étant pas acquise, la fabrique doit être mise hors de cause.

Mais c'est mal poser la question que de la présenter sous cet aspect. Il ne s'agit pas, en effet, d'examiner les droits de la fabrique pris isolément, mais de savoir quelle est, parmi les diverses parties contendantes, celle qui est la mieux fondée à se dire propriétaire. Autrement on arriverait à ce résultat que ni la fabrique, ni les procureurs des chapelles, ni les tiers qui plaident contre eux n'étant strictement propriétaires, l'avantage serait toujours pour l'agresseur, lequel repousserait les réclamations des parties adverses en alléguant qu'elles n'ont point qualité. Adopter ce système, ce

---

(1) **Voir** ci-dessus, à la page 113, la nature des droits dont jouissent les annexes, les chapelles, etc.

serait dire' à tous : les biens des chapelles sont offerts à
ceux qui voudront les prendre; mettez la main dessus ; ayez
pour vous la force et l'audace, arrangez-vous de manière à
n'avoir pas besoin d'intenter les premiers une action judiciaire, et vous triompherez.

Pour que la fabrique soit recevable dans sa demande, il
suffit que nul n'ait à faire valoir des titres aussi bien fondés
que les siens.

Or nous avons ici une administration, irrégulière tant
qu'on voudra, mais qui possède *ab antiquo* les biens des
chapelles. La possession appartient aux procureurs *pro tempore*. Au nom de qui possèdent-ils ? Ce n'est pas au nom de
la commune, ni des habitants des hameaux, ni d'une société
quelconque, ni d'un particulier. Ils dépendent du curé et ne
sont soumis qu'à lui seul. Une contestation s'élève. Les procureurs et le curé déclarent qu'ils se considèrent comme
mandataires du conseil de fabrique et qu'ils possèdent en
son nom. Le conseil de fabrique a-t-il qualité pour posséder
et administrer les biens ecclésiastiques situés dans la paroisse ? Si les personnes qui exercent la possession de fait
et le conseil qui a le titre légal sont d'accord et font cause
commune, qui aura *qualité* pour contester leurs droits, et
cela dans l'unique but de s'approprier ce qui ne lui appartient à aucun titre ?

Et si les procureurs qui tiennent leurs pouvoirs du curé
se séparaient de lui, qui l'empêcherait de déposer lui seul
entre les mains du conseil tous les droits attachés à la possession exercée par les administrateurs qu'il nommait, et de
mettre ainsi la possession sous la garde de ceux qui ont un
titre légal pour la défendre ? Est-ce que ce procédé ne serait
pas conforme à l'esprit de nos lois concernant l'administration des biens d'église ? Est-ce qu'on ne trouverait pas mille
raisons pour adjuger les biens à la fabrique, si elle avait à
combattre, non pas contre des tiers usurpateurs, mais contre un curé qui voudrait garder ces propriétés pour lui-mê-

me ? Comment serait-il accueilli par les tribunaux s'il excipait du défaut *de qualité* de la part des fabriciens ?

A partir de l'année 1834, c'est à dire depuis vingt-quatre ans, plusieurs jugements émanés de la justice de paix de Luri ont reconnu les droits du conseil de fabrique à l'administration des biens des chapelles. Si ces décisions ne mettent pas la fabrique à l'abri de toute attaque ni de toute résistance, elles lui donnent certainement un grand avantage sur des individus dont les prétentions n'ont pris naissance qu'en 1847, à l'occasion d'une convention illicite qu'on veut justifier au moyen d'un système forgé pour la circonstance, convention désapprouvée en quelque sorte par le jugement même derrière lequel elle s'abrite, puisque les juges n'ont pas cru pouvoir affirmer que les auteurs de l'aliénation avaient le droit d'aliéner.

On nous dira peut-être : comment motiveriez-vous un jugement rendu en faveur de la fabrique ?

Cette tâche ne nous semblerait pas très-difficile. Voici comment nous nous exprimerions :

Le tribunal,

Attendu que les biens en litige formaient autrefois la dotation de la chapelle de N... et qu'ils ont continué à être possédés par des administrateurs soumis à l'autorité du curé ;

Que les administrateurs susdits et le curé, n'ayant point de titre légal à la gestion desdites propriétés, sont censés les avoir possédés au nom du conseil de fabrique, seul investi par la loi de l'administration des biens d'église existant sur le territoire de l'église paroissiale ;

Que d'ailleurs les administrateurs susdits et le curé reconnaissent eux-mêmes l'autorité du conseil de fabrique relativement aux biens en question ;

Que sans se préoccuper de la question de savoir si la fabrique est ou non propriétaire, on est obligé de convenir que l'administration légale de ces biens, et par conséquent le droit de former des actions judiciaires y relatives, n'appartient et ne peut appartenir qu'à la fabrique ;

Que si la fabrique n'avait point *qualité* pour former ces actions, la *qualité* ne se trouverait nulle part, d'où il s'ensuivrait que les biens des chapelles seraient livrés au pillage ;

Qu'en consacrant un pareil état de choses, les tribunaux autoriseraient un véritable brigandage et favoriseraient des crimes qu'ils sont chargés de réprimer ;

Rejette la fin de non recevoir tirée du défaut de qualité de la part de la fabrique, et ordonne à N... de fournir la preuve des droits qu'il prétend avoir sur les biens contestés.

Nous ne voyons pas ce qu'on pourrait dire de vraiment juste et raisonnable contre un jugement ainsi motivé. Quant aux arguties et aux subtilités, on en trouverait sans doute, et de plusieurs sortes. La chicane a des ressources inépuisables ; mais les lois n'ont pas pour but de favoriser la chicane ; elles ne sont établies que dans l'intérêt de la justice.

Il nous reste à parler d'une question qu'on a soulevée au sujet des chapelles interdites.

L'intervention de la justice a été requise pour empêcher les réunions et les prières dans ces édifices. On a prétendu que la justice ne doit pas intervenir. C'est une erreur.

L'autorité civile n'est pas et ne veut pas être étrangère aux contestations qui concernent l'exercice du culte. Les articles organiques et plusieurs autres décrets ou ordonnances n'ont point d'autre but que de faire au gouvernement une part plus ou moins large dans ces sortes d'affaires ; si le législateur n'a pas toujours été bien inspiré, on doit convenir que l'intervention du pouvoir civil, considérée en elle-même et en tant qu'elle respecte l'autorité de l'église, est aussi légitime que nécessaire.

On connaît en France deux catégories d'édifices consacrés au culte : les églises érigées légalement, et les églises *tolérées*.

Chacun sait que dans les églises de la première espèce, la

police appartient à l'autorité ecclésiastique. Ce principe est formellement établi dans un décret ou décision du 21 pluviôse an XIII (10 février 1805) cité par M. Affre, pag. 124. En cas de résistance, le curé a le droit de réclamer l'appui de l'autorité civile ; les délinquants sont passibles de peines correctionnelles ; c'est ce qui a été jugé plusieurs fois, notamment par un arrêt de la Cour de Paris du 24 mai 1832.

Ainsi, dans les églises légalement érigées, rien ne peut se faire sans la permission du curé ou du prêtre à qui l'église est confiée par l'évêque, quel que soit le titre dont il est revêtu. Or les églises simplement tolérées n'ont pas plus de priviléges que les églises reconnues par le Gouvernement; elles se trouvent même dans une position moins favorable, car l'autorité civile n'ayant contracté envers elles aucun engagement, la tolérance dont elle use à leur égard peut cesser lorsqu'elle le juge à propos.

Nous ne raisonnons ici que d'après les principes de notre législation civile ecclésiastique. Puisqu'on les invoque, il faut bien qu'on en subisse les conséquences. Voulez-vous agir en chrétiens, en catholiques, et prendre pour règle les prescriptions de l'autorité épiscopale ? Dans ce cas vous irez faire vos prières et vos offices ailleurs que dans des chapelles interdites. Voulez-vous, au contraire, agir en sectaires ? Voulez-vous vous servir de la prière comme d'un moyen pour insulter l'autorité ecclésiastique, et pour témoigner publiquement le mépris qu'elle vous inspire ? Vos réunions tombent alors sous l'application des réglements de police, bien qu'elles aient le culte pour prétexte, et votre dévotion, que les prêtres ne dirigent plus, a pour directeur naturel le pouvoir civil.

Si le doute était possible sur ce point, il n'aurait pour objet que les oratoires privés ou chapelles domestiques ; comme ils appartiennent à des particuliers et sont renfermés dans des maisons d'où le public est exclu, on aurait pu s'imaginer qu'ils échappent à la surveillance du gouvernement.

Cependant un décret du 22 décembre 1812 exige que ces oratoires soient autorisés par le gouvernement *sur la demande des évêques* (art.. 2) et que les oratoires non autorisés soient fermés à la diligence des procureurs impériaux.

Le but de ce décret était d'empêcher les réunions des fidèles qui, étant opposés au concordat, ne reconnaissaient point l'autorité des évêques nommés après la révolution et finirent par former la secte appelée *la petite église.* Les dispositions qu'il renferme ne sont plus observées, parce que les circonstances qui les avaient motivées ont disparu. Mais le décret n'étant pas abrogé, il pourrait et devrait être appliqué si l'on essayait de se rassembler dans un oratoire pour y exercer le culte contre la volonté de l'évêque.

CONCLUSION.

Nous voici arrivé à la fin d'un travail qui nous a coûté beaucoup de peine, travail ingrat et rebutant par lui-même, mais auquel nous avons volontiers consacré nos veilles, dans l'espoir de jeter quelque lumière sur les questions qui intéressent les fabriques.

Atteindrons-nous notre but ? Verrons-nous élever des barrières contre ces spoliations sacriléges qui troublent les intelligences, qui démoralisent peu à peu nos populations et attirent sur leurs auteurs les anathèmes de l'Église ?

Nous n'avons pas dissimulé les obstacles qui semblent rendre difficile un changement dans la jurisprudence des tribunaux relativement à l'envoi en possession. Comme tout aboutit, en dernier lieu, à la Cour de Cassation, les juges pourraient se croire impuissants tant que la Cour suprême ne leur ouvre pas une voie nouvelle.

Il est permis néanmoins de supposer que cette Cour elle-même se prononcerait en faveur de nos fabriques si l'état de nos affaires lui était bien connu. Peut-être aussi sa jurisprudence, bien examinée, ne serait-elle pas tout à fait hostile au système adopté par les défenseurs des fabriques. Nous ne saurions rien affirmer à cet égard; mais le remarquable arrêt rendu par notre Cour impériale le 18 décembre dernier, semble prouver qu'on ne voit point d'incompatibilité entre la jurisprudence actuellement en vigueur et les principes dont nous demandons l'application.

Or si les principes sont admis, il faut que les conséquences le soient également.

Mais, dans le cas où la jurisprudence n'offrirait pas des moyens assez prompts et assez sûrs pour mettre un terme aux scandales que nous avons signalés, il ne faudrait pas désespérer du succès. On demanderait alors au gouvernement ce qu'on ne pourrait pas attendre des tribunaux.

On solliciterait un décret par lequel les fabriques seraient provisoirement dispensées de l'envoi en possession, à l'effet de défendre ou de revendiquer en justice les biens dont elles ont conservé la jouissance jusqu'à cette époque. On demanderait aussi que les fabriques fussent relevées, s'il était possible, des déchéances qu'elles auraient encourues par suite des jugements qui les aurait déclarées non recevables dans leurs instances, faute d'avoir été envoyées en possession.

On supplierait en outre le gouvernement d'accorder aux fabriques un délai convenable pour solliciter et obtenir l'envoi en possession de toutes leurs anciennes propriétés dont elles ont conservé la jouissance, et cela sans préjudice de la liberté d'action qu'on leur laisserait pour les contestations nées ou à naître avant l'expiration du délai. L'administration des Domaines serait déchargée de tous les soins qui ne tiennent pas essentiellement à ses attributions, et autorisée à se renfermer dans l'examen des questions suivantes : les biens réclamés par les fabriques sont-ils d'origine ecclésiastique? Ont-ils été inscrits sur les registres du domaine comme biens nationaux? L'État, après s'en être emparé, les a-t-il cédés à quelqu'un ou affectés à quelque

service public? Ces questions une fois résolues négativement (et rien n'est plus facile que de les éclaircir) le Préfet
prononcerait l'envoi en possession, sans garantie de la part
de l'État.

Ainsi les difficultés s'aplaniraient. La position des fabriques serait améliorée, puisqu'elles joindraient à la possession de fait un titre qui les mettrait en état de former, au
besoin, une action pétitoire. Les agressions contre les églises cesseraient et tout rentrerait dans l'ordre. Puissions-
nous être témoins d'une réforme si heureuse! Si les hommes
éminents que la Corse voit à la tête de sa magistrature et
de son administration· jugeaient à propos de prendre l'ini-
tiative, nos vœux seraient probablement exaucés.

En parlant des adversaires des fabriques, nous nous sommes servi, plus d'une fois, d'expressions justes mais sévères.
Nous ne voulons pas laisser croire que, dans notre intention, elles s'appliquent indistinctement à tous les individus
qui plaident contre les églises. Il peut se rencontrer parmi
eux des hommes honnêtes qui croient défendre leur propre
bien. Que ceux-là ne nous accusent point de les avoir mal-
traités et calomniés. Puisqu'ils ont pour eux le bon droit,
ainsi que les moyens de justifier leurs prétentions, ils ne
doivent pas craindre d'être confondus avec les usurpateurs.

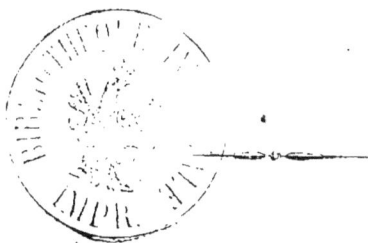

TABLE DES MATIÈRES.

—

FIN DE LA TABLE.

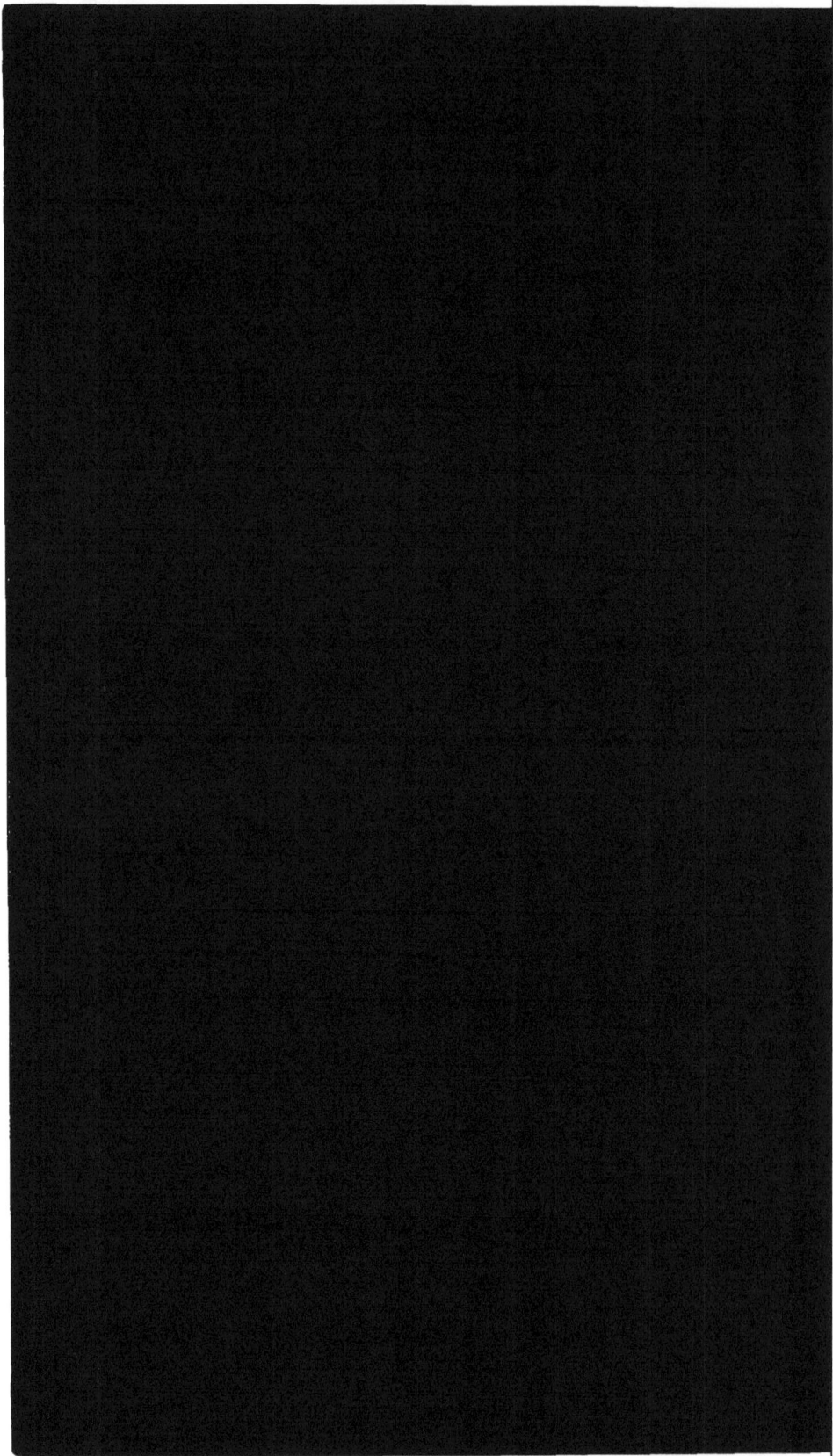

www.ingramcontent.com/pod-product-compliance
Lightning Source LLC
Chambersburg PA
CBHW060539210326
41519CB00014B/3280